INCREMENTA TU INTELIGENCIA SOCIAL

Descubre Cómo Aumentar tu Coeficiente
Social para Sentirte a Gusto en Cualquier
Grupo o Evento

GREG CORBYN

Índice

Introducción

Fomentar las relaciones profesionales y personales puede ser todo un desafío para algunos. Sin embargo, hay personas que parecen pasar el proceso sin problemas. La tarea de socializar y conectarse les parece tan sencilla. ¿Alguna vez te has preguntado qué hace que estas personas sean diferentes?

La respuesta a eso es la inteligencia social. La razón por la que parece tan natural que estas personas inicien grandes conversaciones y creen una buena red social es que tienen una alta alfabetización social. La inteligencia social brinda a los individuos la capacidad de abordar mejor las situaciones sociales al equiparlos con la capacidad de evaluar todos los elementos en estas interacciones.

Estos individuos son capaces de sentir el estado emocional de sus compañeros. Son capaces de responder adecuadamente a la dinámica social.

Tienen un buen sentido de autoconciencia y están seguros de sí mismos incluso en las situaciones más agitadas.

También son capaces de expresar sus ideas de manera más efectiva y sus compañeros les responden de manera más positiva.

La adquisición de la alfabetización social da a los individuos una ventaja tanto en su vida profesional como personal.

Con él, la dificultad para entender a tu jefe, a tu pareja, a tus amigos y a tu familia se vuelve mucho menor. Podrás tener una mejor perspectiva de ti mismo, tus relaciones y tus compromisos con los demás simplemente usando los dispositivos que aprenderás a medida que desarrolles tu inteligencia social. Tener la capacidad de abordar de manera efectiva tus relaciones sociales eventualmente te brindará una vida más feliz, más gratificante y más satisfactoria.

La buena noticia es que la inteligencia social se puede desarrollar. No está establecido y se puede trabajar en él siempre que tengas la mentalidad adecuada para ello. Ser socialmente alfabetizado no es algo con lo que simplemente se nace. Puedes desarrollar el conjunto correcto de habilidades para aprovecharlo y eso es lo que este libro pretende brindarte.

Sin embargo, el desarrollo de la inteligencia social no reemplaza el sentido de identidad de una persona.

Antes de profundizar en las complejidades de la interacción con los demás, primero pasaremos por el proceso de autodescubrimiento honesto y la formación de su propia marca personal.

Este es el requisito previo para construir relaciones con los demás. Primero debes tener un sentido de ti mismo que sea auténtico y verdadero. Esto te permitirá mantener tus interacciones genuinas y sinceras. También te hará consciente de los malos hábitos y los errores dañinos que cometes en la forma en que socializas con los demás.

La autenticidad juega un papel importante en el poder que tengas para desarrollar tu autoconciencia y autoestima.

Ambos son aspectos importantes para perfeccionar tu inteligencia social. El viaje para conocerte a ti mismo requerirá que seas más honesto en la forma en que te ves a ti mismo y las cosas que haces.

Es imposible comprenderte a ti mismo si sólo basas tu autoestima e identidad en la aprobación de los demás. Será muy importante que te comprometas con una autorreflexión honesta a medida que sigas el libro. Es la única manera de que entiendas cómo se pueden aplicar todas las enseñanzas en tu vida. Lo más importante es que uses estas lecciones para vivir tu verdadero sentido de ti mismo.

La alfabetización social no puede adquirirse instantáneamente. No solo lo define y al instante tiene las herramientas y habilidades que necesitas.

Requiere mucha práctica y compromiso. Ese compromiso sólo puede llegar si participas de una manera que sea auténtica para ti.

Este libro no se centrará únicamente en el camino filosófico hacia la inteligencia social. En su lugar, incluirá instrucciones reales y pasos prácticos que puede tomar. Profundizaremos en las acciones que debes realizar para desarrollar realmente tus habilidades y ampliar tu perspectiva de las cosas.

Una de las cosas que aprenderás en este libro es la diferencia entre la comunicación efectiva y la comunicación que solo pretende complacer a tus compañeros. Si abordas cada conversación con la mentalidad de que obtendrás la aprobación de la otra persona, es probable que termines decepcionándote.

Aunque puedes lograr gustarle a la gente, hay un aspecto más importante que puedes aprender a medida que perfeccionas tu inteligencia social y es establecer objetivos apropiados dentro de tus interacciones. Esto puede ser una variedad de cosas, como planificar un proyecto, comprender un concepto en el que se está trabajando o incluso pasar un buen rato disfrutando de la compañía de otra persona.

Tener una buena comprensión de tus objetivos sociales puede hacerte más efectivo y menos ansioso cuando se trata de interacciones sociales.

La mejor herramienta que puedes tener en cualquier entorno social es poder comunicarse de manera efectiva. La comunicación efectiva incluye el lenguaje verbal y no verbal.

Cada uno será discutido en el libro a fondo. Mejorar tus habilidades de comunicación será una parte importante de la alfabetización social.

Una forma de ver la alfabetización social es en forma de intuición. Después de practicar todos los pasos y comprometerte con ellos, finalmente desarrollas un instinto para ello.

Muy pronto, observarás todas las interacciones sociales bajo una mejor luz y responderás a ellas de manera más intuitiva porque has adquirido un conjunto de hábitos que han demostrado ser efectivos. Eventualmente, también verás una diferencia en la forma en que las personas responden a tu comunicación.

La mayor dificultad en las interacciones sociales es que las personas son criadas de manera diferente y tienes que tener un enfoque diferente de persona a persona. Para hacer eso, debes tener una forma de separarte de las diferencias que tienes con otras personas.

Eso puede ser desalentador, por supuesto. Si lo ves como un grupo de personas que tienes que estudiar y descifrar incluso antes de acercarte a ellas, te sentirás abrumado. Es por eso que seguiremos volviendo a tu propia identidad. La mejor manera de comprender a los demás es saber que tú tienes tus propios valores, creencias, cultura y necesidades.

Y una vez que dirijas tu atención a otras personas, descubrirás cuán similares y diferentes pueden ser las personas entre sí.

Debido a nuestras diferencias en cultura y creencias, los conflictos se vuelven inevitables. Por eso, la resolución de conflictos es una de las cosas importantes que se abordarán en este libro. Es fácil dañar las relaciones cuando la resolución de conflictos no funciona. Pero resolver conflictos no es una tarea imposible y siempre que se aborde con respeto y se aplique una comunicación efectiva, puede ser un proceso gratificante que puede fortalecer aún más las relaciones. Ahí es donde la alfabetización social hace su mejor trabajo.

La inteligencia emocional también juega un papel crucial en la adquisición de la alfabetización social. Aunque tienen sus similitudes, la inteligencia emocional confronta ideas y conceptos que rodean las emociones de una persona y la inteligencia social se trata más de comprender a los individuos y cómo interactúan con los demás.

Se discutirán las complejidades de la inteligencia emocional y cómo mejorarla porque es esencial que una persona vea y comprenda cómo las emociones pueden afectar la forma en que las personas interactúan en entornos sociales y cómo se pueden manejar mejor los sentimientos para que los individuos pueden navegar a través de la socialización sin ser dominados por emociones fuertes.

La inteligencia emocional también puede mejorar el punto de vista de una persona sobre las relaciones en las que se involucra. Al estar más en contacto con sus propias emociones y las de los demás, una persona llega a apreciar más a otras personas por lo que realmente son fuera de las situaciones y procesos en los que se encuentran.

Nuestras vidas pasan por muchos altibajos y estas luchas pueden afectar nuestra capacidad de ser fieles a nosotros mismos y estar disponibles para nuevos aprendizajes y auto enriquecimiento. Las lecciones sobre cómo podemos recuperar el control de nuestras vidas y mirar hacia un futuro más satisfactorio también serán parte de este viaje de aprendizaje hacia la inteligencia social.

Cuando somos capaces de manejar mejor nuestras vidas y dejar de lado los miedos y las dudas sobre nosotros mismos que vienen con los errores del pasado, podemos avanzar en nuestro aprendizaje y desarrollar un mayor sentido de independencia.

A lo largo de mi carrera como profesor de psicología y orador motivacional, se me han acercado en numerosas ocasiones personas que tienen problemas con hábitos contraproducentes cuando se trata de comprenderse a sí mismos, comprender a otras personas y ser capaces de crear conexiones significativas.

Cuando era más joven, yo mismo tuve problemas con mis habilidades de comunicación.

A medida que crecí y aprendí más sobre las personas, lo que los motiva y lo que los detiene de las cosas que aspiran ser, descubrí cómo mejorar la inteligencia social de uno puede ayudar a las personas a salir adelante en la vida, formar relaciones que valgan la pena y se permiten estar libres de negatividad y dudas.

La inteligencia social puede ser difícil de dominar, pero si la abordas de manera proactiva, puedes obtener los beneficios más rápidamente. Con este libro podrás deshacerte de tus miedos y ansiedades a la hora de socializar y trabajar con otras personas. Este libro tiene como objetivo ayudarte a comprenderte mejor a ti mismo y a los demás para que puedas identificar qué habilidades y dispositivos puedes aprovechar para una vida social más satisfactoria y efectiva.

Comprenderte A Ti Mismo

IMAGÍNATE en un pasillo y luego un compañero de clase de hace 10 años aparece de repente de la nada. Después de darte cuenta de quién era esta persona, comienzas a asociar tu yo actual con tus encuentros anteriores con él. Parece ser tu compañero de clase que tartamudeaba cuando hablaba.

Te preparas con los mismos métodos que elegiste cuando interactuaste con él en el pasado.

Una vez que iniciaste una conversación con él, esperabas que tuviera los mismos problemas del habla que tenía cuando eras más joven. Te dices a ti mismo que debes ser amable y hacer todo lo posible para no parecer molesto una vez que comienzas a tartamudear.

. . .

A medida que abre la boca, te habla con un lenguaje perfecto, sin tropiezos. Descubres por él que pudo superar su tartamudeo y que ya no tiene problemas para hablar.

Luego, tu cerebro se vuelve a enfocar a medida que descubres que lo que sabes sobre esta otra persona en el pasado ya no es cierto en el presente.

Toda la preparación que hiciste al anticipar tu intercambio con él se basó en un preestablecimiento que se formó a partir del pasado y fue revisado por tu cerebro. Los conceptos iniciales que tenías fueron procesados dentro de tu propia mente y no contenían pruebas de lo que estaba por venir, pero aun así decidiste curar tus acciones en base a ellos.

Hay tres aspectos del ser de una persona que pueden afectar la forma en que maneja las relaciones y las interacciones con sus compañeros. Estos son aspectos sociales, mentales y físicos.

Analicemos el encuentro con el compañero de clase. El aspecto social fue el reconocimiento de que tu compañero de clase es una persona separada de ti y que es capaz de interactuar contigo. No es un objeto inanimado que no se molestará si pasas junto a él.

. . .

Una vez que reconoces a esta persona, varios pensamientos pasan por tu cabeza y todo acerca de esa persona proviene de una colección de recuerdos de haber tenido su presencia antes. Te acordabas de su voz, sus gestos y su mirada. Todos estos son elementos sociales y tú adjuntan estas referencias al ser de esa persona.

Luego, está el aspecto mental. Cuando empezaste a sacar conclusiones y decisiones sobre esta persona, fue tu mente la que surgió con esas cosas. Tu cerebro ha procesado la información que se recopiló del pasado y te llevó a decidir las acciones que tomarás en la situación actual.

Si lo hubieras hecho, no podrías haberte comunicado telepáticamente con tu antiguo compañero de clase, habrías descubierto que ya no tartamudea cuando habla. Todas las ideas que influyeron en tus acciones estaban todas en tu mente.

El tercero es el aspecto físico. El acto reflejo común cuando ves a una persona que conoces es levantar las cejas. Lo siguiente puede ser saludarlos o sonreírles. Estas son respuestas físicas que tu cuerpo hace cuando se le coloca en tales situaciones.

Estos tres aspectos trabajan juntos y sus efectos pueden no parecer obvios, pero son importantes.

Incluso antes de llegar a la otra persona, tu mente y tu cuerpo ya han reaccionado. La forma en que una persona actúa en las interacciones sociales proviene de pensamientos internos y nociones preexistentes.

Para poder comprender tu entorno social, lo más importante es comprenderte a ti mismo primero. Este proceso se llama introspección. La introspección funciona mirando dentro de ti y evaluando tus propios pensamientos y emociones. El proceso te permite obtener conocimiento sobre ti mismo y este conocimiento solo puede provenir de la autorreflexión y el autoanálisis. La introspección puede ayudar a hacer las conexiones entre las experiencias y cómo las personas responden a tu comportamiento.

Para ello, hay algunas preguntas que puedes hacerte.

NÚMERO 1 ¿CÓMO REACCIONAS CUANDO UN EXTRAÑO TE SALUDA?

Digamos que una persona al azar se te acerca en el supermercado y te dice "Hola". ¿Sonríes? ¿Le devuelves el saludo?

Ver cómo respondes a este tipo de situaciones puede ayudarte a evaluar la primera impresión que das a otras personas. Este extraño recibirá la primera información que pueda obtener sobre ti. ¿Cuál será el primer adjetivo que te dé? ¿Eres un desaire? ¿Eres educado? ¿Te pones incómodo?

· · ·

NÚMERO 2 ¿CÓMO RESPONDES A LOS ESTÍMULOS SOCIALES?

El extraño en el supermercado te pregunta si eres vegano.

¿Qué pensamientos pasan por tu cabeza mientras esta persona te habla? ¿Estás estableciendo expectativas? ¿Te sientes ansioso? ¿Hay manifestaciones físicas de tus reacciones como tartamudear o tal vez un cambio en el tono y el volumen de tu voz? ¿Qué reflejos empiezas a mostrar?

Durante los encuentros que has tenido en el pasado, ¿encuentras que ciertas personas, temas o entornos te hacen responder de cierta manera? Digamos que lo que más te molesta son las voces agudas, ¿tu aversión a eso afecta la forma en que socializas con la gente?

Todas estas preguntas en el número dos se desencadenan por influencias o estímulos externos. Estos sólo pueden ser determinados por las reacciones que has mostrado hacia experiencias sociales anteriores.

NÚMERO 3: ¿TU COMPORTAMIENTO SOCIAL ES REPULSIVO?

Ahora, aquí es cuando empiezas a mirar más fuera de ti mismo. Después de participar en interacciones sociales,

¿cómo ha reaccionado la gente hacia ti? ¿Hubo casos en los que afectó negativamente a una persona debido a la forma en que manejaste tu interacciones con ellos?

Hay ciertas señales que recibes cuando otra persona comienza a sentirse incómoda contigo. Uno sería un cambio negativo en su comportamiento o discurso. Otra es cuando ya no tienes una segunda oportunidad con esta persona. Él comienza a evitarte y nunca continúas en ningún tipo de relación con él.

Hay muchas más formas de saber si alguien ha respondido negativamente a la interacción social contigo. Vea si puede averiguar qué acciones provinieron de usted que condujeron a esto. ¿Quizás estabas demasiado emocionado por algo y comenzaste a sonar sermoneador cuando hablabas? ¿Quizás estabas demasiado feliz y no te diste cuenta de que ya estabas hablando sobre otra persona?

Trata de ver las cosas que haces que te hacen repulsivo para otras personas.

Es posible que hayas sido hiriente o desagradable en el pasado y simplemente no estabas consciente de ello.

NÚMERO 4 ¿TIENES ALGUNA MALA EXPERIENCIA EN EL PASADO EN CUANTO A SOCIALIZAR?

· · ·

Si es así, ¿qué sucedió durante estos encuentros? ¿Dónde en esos casos particulares empezaste a sentir que se volvería malo? ¿Hay palabras o acciones que te gustaría recuperar?

Por ejemplo, fue una discusión terrible con un amigo.

Estabas hablando de quién es el superhéroe más fuerte. Era el murciélago contra el hombre de acero. Estabas del lado del murciélago y tu amigo simplemente no podía estar de acuerdo contigo. De repente comienza a gritarte y luego te abandona.

Después de echar un segundo vistazo a esta situación, recuerdas que fuiste el primero en levantar la voz. Aparentemente, estabas estresado por otras cosas ese día y eso hizo que te apasionaras demasiado por el héroe que habías escogido en esta situación.

¿Estás arrepentido por la forma en que manejaste esto? ¿Lo hubieras hecho de otra manera?

¿Qué tal si fuera al revés y estuvieras en los zapatos de tu amigo? Ahora te das cuenta de que te sorprendió que tu amigo hubiera alzado la voz, así que comenzaste a gritar en represalia.

. . .

Cuando miras hacia atrás en esto, ¿habrías hecho lo mismo? ¿Todavía sientes que tu reacción fue la respuesta correcta?

NÚMERO 5: ¿HUBO ALGUNA VEZ EN QUE TE SENTÍAS FELIZ Y CONFIADO CON EL RESULTADO DE UNA SITUACIÓN SOCIAL?

¿Tienes recuerdos favoritos de conversaciones o momentos pasados con otra persona? Vuelve a esos tiempos. ¿Qué te hizo feliz durante estos encuentros? ¿Fue la participación de la otra persona o tuya lo que te hizo disfrutar de esta instancia en particular?

Si fueron tus propias acciones las que te llenaron, ¿qué acciones o palabras crees que marcaron la diferencia?

¿Sigues aplicando esas cosas hoy y siguen siendo efectivas?

Si fue la otra persona la que te hizo sentir así, ¿cómo era? ¿Alguna de sus las podrías emular? Responder a estas y otras preguntas te ayudará a identificar tus fortalezas y debilidades sociales. Desglosa las interacciones previas que hayas tenido e intenta desglosar estas situaciones guiado por los conceptos presentados en este capítulo.

Si no puedes responder estas preguntas por ti mismo, puede ser útil encontrar a una persona en quien confíe que pueda ser honesto y objetivo contigo.

· · ·

Una vez que hayas elegido a una persona que pueda conversar sobre estos temas contigo, recuerda siempre mirar las metas de este proceso para que puedas ser más receptivo incluso cuando escuches cosas difíciles sobre ti. Siempre, siempre mira esto como una tarea que estás haciendo para permitirte mejorar socialmente y hacerlo mejor en el futuro.

Otra buena cosa que puedes hacer es hacer una lista de tus respuestas a estas preguntas. Puede ser muy desafiante tener una comprensión completa de uno mismo. Es un proceso largo y puede ser fácil perderse en todas las cosas nuevas de las que quizás no hayas sido consciente previamente.

Este es el momento de echar un vistazo a lo bueno, lo malo y lo feo en ti. Tu orgullo puede ser el tema más delicado en este proceso.

Será una experiencia muy humilde, así que empieza a decirte a ti mismo que todo estará bien. No te concentres en el dolor que esto podría causar a tu ego; en su lugar, concéntrate en los beneficios de tener mejores resultados sociales en el futuro.

Elevar tu coeficiente intelectual social requerirá que veas cómo te comparas con los demás. La forma más efectiva de abordar esto es tener un buen sentido de autoconciencia.

Sin embargo, no confundas esto con ser consciente de ti mismo. Ser consciente de ti mismo significa que puedes identificar tus fortalezas y debilidades sin que otras personas tengan que llamarte la atención. Ser consciente de ti mismo, por otro lado, es cuando constantemente eres demasiado crítico contigo mismo y terminas dejando que se apodere de tu proceso.

La autoconciencia debería conducir al descubrimiento y una mejor gestión de tus fortalezas y debilidades. No debería llevarte al camino de la autodestrucción. Ser consciente de tus puntos fuertes no solo te dará confianza.

También te permitirá ofrecer tus capacidades a los demás.

Tener una comprensión de tus debilidades es beneficioso para ayudarte a evitar cometer los mismos errores que has cometido antes.

El mayor error que cometerás si recién estás comenzando a aprender sobre inteligencia social es priorizar los problemas de otras personas. Recuerda, si hay algo sobre lo que estás seguro de tener control, es sobre ti mismo. Incluso si tienes hábitos difíciles de romper, te resultará más fácil controlar tus propios hábitos desagradables que los hábitos de los demás. La conclusión es: todo comienza contigo.

2

Activo Y Pasivo Social

UNA VEZ que obtengas una vista detallada de tus tendencias sociales, es hora de que aprendas a trazar tus activos y pasivos sociales. Ahora que tienes una mejor visión de cómo funcionan los intercambios sociales, ahora debes saber cómo estas interacciones también tienden a conducir a más eventos.

Por ejemplo, estás en una fiesta y comienzas a contarles a todos sobre tu ruptura con tu pareja. Muchas de estas personas sentirán lástima por ti y te responderán amablemente con palabras y gestos de apoyo.

Algunos de ellos también pueden haber tenido problemas individuales con los que estaban lidiando en el momento en que estabas anunciando tu ruptura épica a todos.

. . .

Estas personas preferirían no enfocarse en tus asuntos románticos simplemente porque no tienen la energía para hacerlo y no tienen ningún interés en este asunto personal del que estás hablando. Estas personas son posibles amigos, socios comerciales o clientes.

Desde que compartiste esta información con ellos, la mayoría de ellos han comenzado a evitarte por temor a no tener las palabras adecuadas para decirte. Para ellos, ahora eres "El Chico Que Terminó Una Relación".

Esto no suena como algo tan malo, pero ¿es así como realmente quieres que te etiqueten?

Durante los próximos días, semanas, meses o incluso años, te has alejado por completo de esto, pero las otras personas ya te han marcado como esta persona que no tenía nada más de qué hablar que su relación fallida. Es posible que algunas de estas personas sólo tengan esto como una referencia tuya en su cabeza si no se produjeron otras conversaciones más importantes entre ellos y tú después.

En esa fiesta, una persona podría haberse convertido en tu amiga. A ambos les encanta este restaurante mexicano al final de la calle y siempre pedían la misma quesadilla de pollo de su menú.

· · ·

Desafortunadamente, cuando esta persona se sentó a tu lado, le preguntaste por qué las mujeres simplemente no pueden entenderte y todas terminan dejándote. No tenía que ser de la manera desordenada y dramática que ves que hacen los actores en las películas.

Podrías haber dicho esto de la forma que quisieras. El punto es que tuviste ese momento en el que podrías haber comenzado una amistad con alguien. Pero en lugar de eso, esta persona terminó demasiado alienada por un fuerte sentimiento que tienes de que no tenía antecedentes.

Y no, darle un trasfondo detallado no es suficiente para atraerla a tu historia de ruptura. De hecho, incluso podría alejarla más de ti. Esta persona no era parte de la relación romántica que tuviste con tu pareja anterior. No hay forma de que ella participe apropiadamente en esta narración que estás compartiendo con ella. En ninguna parte de esta situación podrá encontrar algo para compartir contigo.

Antes de iniciar una conversación, piensa en lo que tú y la otra persona ganarán con ella. Puede ser humor, sabiduría o apoyo. Sea lo que sea, se supone que las conversaciones son una calle de doble sentido, por lo que debes considerar lo que ambas partes se llevarán de este encuentro.

Piensa con claridad las consecuencias y el valor que tendrá para la persona con la que compartes este momento. Se gasta tiempo y energía cada vez que participa en una interacción social. Si haces que valga la pena tanto para ti como para la otra parte, todos ganan y la gente se sentirá más atraída por ti.

Además de compartir en exceso, otra forma de crear responsabilidades sociales es no tener cuidado con los temas delicados. Cierta información puede hacer que las personas resulten perjudicadas y que las empresas se vean afectadas negativamente. Una vez más, es mejor evaluar qué valor tendrá la información que transfieras a la otra persona.

¿Vale la pena asumir las responsabilidades posteriores?

Tu jefe no estará contento si se entera de que has revelado información vital sobre su empresa a otras personas. Tu cónyuge se avergonzará si hablas de cómo él o ella tiene calcetines malolientes con personas que ni siquiera conoces bien. Tu cliente no se impresionará si te pilla burlándote de su acento frente a otras personas.

Todo lo que digas o hagas puede afectar la reputación y las relaciones que establezcas. Cuanto más clara sea tu comprensión de cómo entras en situaciones sociales, más guiadas serán tus elecciones.

La reputación de una persona se forma a partir de una colección de sus palabras y acciones anteriores, mientras que una relación se construye a partir de una colección de experiencias e interacciones previas con otra persona. ¿Qué pasa si tienes libros separados para tu reputación y cada una de tus relaciones? Estos libros registrarán automáticamente todo lo que digas y hagas.

¿Disfrutarás de las cosas escritas sobre ti? ¿Admiras a esta persona y es esta la persona que aspiras a ser? Piensa cuidadosamente en estas cosas. Puede que no estés registrado en libros imaginarios, pero las personas con las que interactúas tendrán recuerdos de estas interacciones contigo.

Si tienes pasivos sociales, también tienes tus activos sociales. Estas son las cualidades que son únicas para ti y lo que atrae a la gente hacia ti.

Para averiguar cuáles son tus activos sociales, debes someterte una vez más a una autoevaluación seria. ¿Qué es lo que acerca a la gente a ti? ¿Qué los aleja de ti? Una vez que obtengas una comprensión completa de estas cosas, te será más fácil modificar la forma en que abordas las conversaciones, las transacciones e incluso hablar en público.

Intenta pensar en las personas con las que te gusta pasar el tiempo y conversar. ¿Qué te hace confiar en ellas?

¿Qué hace que tener momentos con ellos sea agradable? Ahora invierte esta pregunta. Pregúntate qué es lo que la gente admira de ti.

Si tienes un gran sentido del humor, las personas se acercarán a ti porque disfrutan de conversaciones divertidas contigo. Si eres un buen planificador, la gente acudirá a ti en busca de asesoramiento estratégico. Algunas personas tienen el don de la calidez, pueden brindar alivio emocional a las personas con problemas. Si eres uno de ellos, entonces este también es un activo que puedes agregar a tu marca personal.

También será muy útil averiguarlo a través de las personas con las que interactúas. Encuentra tiempo para hablar sobre tus dudas y preguntas con aquellos en quienes confías.

Puede ser tu jefe, un buen amigo o tu familia.

Pregúntale a tu pareja o a tus padres cuándo disfrutan más de tu compañía. Observa cómo responde tu jefe a las cosas que dices o haces. Si tu jefe está abierto a ello, incluso puedes preguntarle al respecto. Para eso están las evaluaciones de los empleados. Aprovecha estas evaluaciones para que puedas usarlas para mejorar tus habilidades sociales.

Elige personas a las que puedas escuchar. Esto puede ser un desafío al principio. Es comprensible sentirse cohibido cuando le preguntas a la gente sobre ti. Si eliges a las personas adecuadas en tu vida, te entenderán e incluso apreciarán el hecho de que te estás humillando para poder mejorar tu vida. Aquellos que realmente se preocupan por ti probablemente te apoyarán.

· · ·

Si informarte sobre tus responsabilidades sociales puede ayudarte a fomentar mejores relaciones, es lo mismo descubrir cuáles son sus activos sociales. Piensa en ellos como la moneda que utilizas para crear conexiones con otras personas.

Recuerda ver siempre los compromisos sociales como un intercambio. Realmente no puedes lograr que la gente quiera estar contigo y trabajar contigo si no aprecian nada en tu empresa, ¿verdad?

No es que las personas requieran cosas antes de comenzar a construir relaciones contigo. No es sobre ti. Se trata de cómo los haces sentir, las cosas que aprenden de ti y las cosas que pueden compartir contigo. ¿Pasarás tiempo con alguien que te haga sentir incómodo? ¿Recordarás a alguien con quien no puedas tener experiencias agradables o significativas?

3

Práctica Ser Auténtico

Estoy seguro de que has oído hablar de esto antes. Tu marca personal es básicamente la recopilación de ti, tus cualidades únicas, las cosas a las que aspiras y todas las demás cosas que conforman la vida que quieres y la persona que quieres ser.

Entonces, ¿en qué se diferencia de tu social como conjuntos?

Tus activos sociales son las cosas en las que eres bueno. Son básicamente tus características principales y tu punto de venta. Es lo que tienes lo que hace que la gente te recuerde y se conecte contigo.

Una marca personal, sin embargo, no necesariamente tiene que considerar lo que la gente quiere de ti.

· · ·

Es mirar más allá de los requisitos de los demás y saber qué te hace sentir como tu auténtico yo. Ahí. No hay otra forma de descubrir tu marca personal que no sea el autodescubrimiento honesto.

Hemos aprendido sobre esto anteriormente como un medio para comprenderte a ti mismo y tus tendencias sociales. Esta vez, sin embargo, usaremos la introspección como medio para conocer las prioridades personales y fuente de felicidad. Pero primero, ¿por qué es esto esencial para obtener inteligencia social?

Para que los demás sientan una conexión y confianza con nosotros, debemos esforzarnos por ser más auténticos.

¿Alguna vez se ha sentido incómodo con alguien antes y tuvo el presentimiento de que esa persona no estaba siendo sincera contigo?

Eso puede parecer un pensamiento presuntuoso, pero la verdad es que las personas lo sienten instintivamente cuando alguien no está diciendo la verdad. Si tú lo experimentas, otros también lo hacen. Si alguna vez hubo un momento en que no estabas siendo tú mismo, podrías haber habido una posibilidad de que la otra persona lo sintiera y reaccionara de alguna manera.

. . .

Trate de mirar hacia atrás si esto le ha sucedido alguna vez y trata de ver las señales que puedes haber pasado por alto en ese momento. A nadie le gusta ser engañado.

Mentir es, por supuesto, inmoral. En filosofía, mentir es malo porque se considera un mal uso del lenguaje que es esencial para las sociedades humanas. El lenguaje es una forma de contrato o compromiso. Cuando la gente miente, es un compromiso con una palabra que ni siquiera es verdad, por lo tanto, aquellos que han recibido mentiras son engañados en algo que es injusto.

Mentir disminuye la confianza en cualquier tipo de relación. Toma nota de la palabra que se usó para describir el lenguaje: compromiso. Cada vez que hablas de algo falso, te estás comprometiendo con esta información. Las mentiras son agotadoras de proteger y una vez que se exponen, es probable que sea imposible reconstruir la confianza que se perdió.

Cuando mientes, tienes que dar marcha atrás en todas las cosas que dijiste ese día y tienes que apegarte a ellas en el futuro. Si esto es un hábito para ti, más difícil será tapar los agujeros en tu historia. Eventualmente, las personas pueden alcanzarte y tú estarás expuesto cuando menos lo esperes.

¿Te das cuenta de lo agotador que puede ser?

Otra razón por la que es importante ser auténtico con tu marca personal es que cuando estás junto a otras personas, lo único que te hace interesante y te distingue de los demás es en realidad tu ser genuino y no otro. Esto es lo único que es tuyo y nadie más te lo puede quitar sino tú mismo.

Tu marca personal es lo que te guía para mantenerte fiel a tu auténtico yo. Es fácil perderse en todas las cosas que suceden en nuestras vidas, especialmente hoy cuando estamos expuestos a muchas influencias diferentes.

Con la velocidad de la globalización y la gran presencia de las redes sociales en nuestras vidas, se ha vuelto más difícil que nunca llegar a conocernos a nosotros mismos. La forma en que valoramos las relaciones, las personas que aspiramos a ser y nuestra propia autoestima se ven muy afectadas por la orientación que obtenemos de una amplia variedad de fuentes. Lo que pasa con ser auténtico es que sólo puedes encontrarlo dentro de ti mismo. No puedes seguir el camino de otra persona si no resuena contigo.

Imagina un rompecabezas. Se te da un surtido de piezas de rompecabezas. Algunas de ellas son destinadas a adaptarse a tu imagen completa y algunos de ellas pertenecen a un conjunto de rompecabezas diferente. Esto es lo que es en el mundo de hoy. No todas las cosas a las que estás expuesto coinciden con tu marca personal. No hay camino para ti, para acomodarte en todo.

En un rompecabezas, ¿qué sucede con la imagen completa si tratas de unir las piezas que no coinciden?

. . .

Primero, te frustrarás. Tu harás todo lo posible para unir las piezas y simplemente no encajarían entre sí. Puede que incluso no estén en el mismo rango de tamaño, por lo que incluso podrías dañar las piezas del rompecabezas cuando las unes agresivamente a las otras fichas.

En segundo lugar, te resulta más difícil empezar y terminar.

Tienes un surtido de piezas que no necesariamente son largas juntas. Si no echas un vistazo a las piezas y empiezas a deshacerte de las que no coinciden, seguirás yendo y viniendo y te perderás en un bucle de confusión.

Su tiempo y energía se desperdician y existe la posibilidad de que nunca llegue a terminar el rompecabezas. Por último, nadie entiende la imagen completa. El objetivo principal de construir un rompecabezas es terminar con una imagen completa real. Porque querías incluir piezas que no pertenecían a lo establecido, ahora tienes una salida final distorsionada que a la gente le cuesta entender. Tu terminas con una imagen desigual y antinatural que nadie entiende.

Eso es lo que le sucede a la imagen que tienes de ti mismo si intentas y te obligas a adaptarte a todas las influencias que ves. Acabarás frustrado con tu energía desperdiciada. No hay nada más agotador que obligarse a uno mismo a ser alguien que no está en paz para ser. Tú tiempo y esfuerzo se están agotando, pero tu solo obtienes una versión distorsionada de ti mismo al final.

. . .

También podemos comparar este proceso con el uso de una máscara. La máscara funciona de dos maneras, oculta lo que hay debajo y te permite retratar una determinada persona en el exterior. Puede ser cualquier cosa que se te ocurra. Incluso puede ser una réplica de tu imagen real.

La mayoría de las personas tienen una tendencia a curar la forma en que se presentan a los demás con el objetivo de retratar lo que creen que es la mejor imagen de sí mismos.

Sin embargo, la persona se coloca a sí misma en una situación en la que su personalidad genuina y su propia imagen están siendo. comprometida en el proceso de hacerlo. Esto afecta la autoestima y la felicidad de una persona.

La advertencia con las máscaras es que, aunque puedes ocultar tu identidad, en realidad no borra tu verdadero yo.

Lo que solo estás haciendo es empujarlo hacia abajo, pero todavía se está derramando fuera de ti y todos los demás frente a ti solo ven una versión diluida entre tu verdadero yo y la persona que finges ser.

La clave es que te esfuerzas por enterrar tu yo genuino y pretender ser este ideal que tienes dentro de tu cabeza.

Incluso llega un punto en el que ya no eres capaz de saber si todavía estás fingiendo o no.

A menudo, las personas se ponen máscaras porque no se sienten cómodas con la idea que tienen de sí mismos. No siempre es porque se avergüenzan de sí mismos.

Uno, podría ser porque nunca antes han tratado de mostrar sus verdaderos colores y tienen miedo de que a los demás no les guste mucho su verdadero yo. Este es un miedo al fracaso.

Dos, es una buena excusa para arriesgarse a cometer errores. Hay personas a las que les cuesta admitir sus dudas.

A veces se trata de orgullo, a veces es un miedo a la responsabilidad. Dado que la identidad real está oculta, de repente no hay responsabilidad ni obligación.

El disfraz te engaña haciéndote creer que cualquier cosa que digas o hagas mientras usas la máscara no pondrá en peligro tu verdadero yo.

Este sistema puede crear dos caminos diferentes para ti. Una es que te conviertes lentamente en la persona que pretendes ser y todo está bien para ti. La otra es que final-mente no eres capaz de ponerte al día con estas diferentes personas y tu máscara se desintegra lentamente y se revela la persona real.

Las conexiones que hacemos y la confianza que construimos con los demás dependen casi por completo de la persona que mostramos frente a otras personas.

Ser capaz de establecer una marca personal que sea auténtica para ti te ayudará a administrar e invertir tu tiempo y energía en las situaciones sociales adecuadas. También te ayuda a conectarte mejor con las personas porque sienten tu sinceridad y ven tu consistencia.

Sin embargo, ser auténtico no siempre es fácil para muchas personas. La mayoría de la gente ni siquiera ver cuando están siendo inauténticos.

Se necesita mucho coraje, humildad e introspección para poder identificar cuándo eres realmente tú mismo. Ser auténtico no solo implica quién es tu yo genuino. También incluye saber quién quieres ser y quién nunca quieres ser. Aquí hay algunos pasos que puede seguir para practicar ser auténtico:

1. AUMENTA TU AUTOCONOCIMIENTO

. . .

Las máscaras son una opción fácil para muchas personas. No te preocupes, no eres el único que lleva mascarilla y tampoco te condenan por llevarla.

Las mascarillas no siempre son malas. Cuando estás en el lugar de trabajo, tienes una personalidad que tratas de mantener porque mantiene todo en orden. Te concentras más y estás en consonancia con el ambiente profesional porque respetas a tus compañeros y al entorno en el que te encuentras. Esta es una manera de que las personas se adapten y les vaya bien en una situación determinada.

Sin embargo, hay máscaras que son innecesarias y pueden usarse con fines destructivos. Un ejemplo es gastar más allá de tus posibilidades para disfrazar tu estatus social. Este será un ciclo que nunca termina bien.

Lo importante es que reconozcas las mascarillas que llevas y sepas cuándo y dónde empieza y acaba. Esto requiere un gran sentido de autoconciencia que puedes lograr a través de la introspección. Piensa en las máscaras que usas y tus razones para hacerlo. Identifica si estas máscaras están en conflicto con tu marca personal y nunca las confundas con tu yo genuino.

2. EVITA LOS FILTROS EN LA MEDIDA DE LO POSIBLE

.   .   .

Ser tu yo crudo y auténtico no siempre es fácil, especialmente cuando te encuentras en un entorno desconocido. Debido a esto, sientes la necesidad de permanecer en tu burbuja para protegerte del escrutinio. Todos tenemos miedos e inseguridades, pero está bien ser vulnerable algunas veces. La única forma de encontrar tu verdadero yo y establecer tu marca personal es asumiendo riesgos.

Participa en interacciones crudas con diferentes personas y observa cómo te responden. La mayoría de las veces, esto resultará en la misma cortesía de parte de ellos. Comenzarás a notar que las personas también están más relajadas y cómodas para ser reales a tu alrededor. Conectas más con ellos y los gestos que compartes se vuelven más sinceros y auténticos.

Cuando eres sincero, la otra parte se da cuenta y se crea una sensación de confianza entre ustedes dos. Podrás saber cuándo la otra persona se siente más cómoda contigo.

Cuanto más practiques esto, más te darás cuenta de cuándo te sientes más cómodo siendo tú mismo también. Cuando tus acciones sinceras son validadas y recíprocas, te sentirás más animado a adoptar este enfoque en situaciones futuras.

Esto no quiere decir que ya no hagas ajustes para adaptarte a la persona delante de ti. Todavía hay una diferencia entre hablar con alguien con quien trabajas y tu amigo de la infancia.

. . .

Siempre tienes que seguir volviendo a tus responsabilidades sociales. Ser crudo no significa que te deshagas de todas las formalidades que prácticas para que los demás se sientan más cómodos a tu alrededor.

Aprende a improvisar y estate más en contacto con tu intuición para que puedas navegar tu camino hacia la autenticidad sin tener menos tacto ni ser arrogante. De esta manera se llegan a superar tus dudas.

3. SER HONESTO

La autenticidad siempre incluirá la honestidad por razones que son obvias. Mentir nunca debe ser una rutina constante en tu vida. Esto solo conducirá a un ciclo peligroso y se garantiza que las personas se darán cuenta tarde o temprano.

Arriesgarte a perder la confianza de las personas que te rodean solo complicará las cosas y requerirá aún más esfuerzo de tu parte.

Esto no quiere decir que tengas que ser brutalmente honesto, sobre todo. Si tu pareja te prepara el desayuno y quema la tostada, la reacción habitual es decir "Está bien". Incluso cuando ya llegas tarde a tu trabajo y tienes más hambre que un león, dices esto porque no vale la pena molestar a tu pareja.

Lo que tienes que ver es la intención detrás de tu mentira.

Mentir sobre tus pensamientos sobre las tostadas quemadas es totalmente diferente a mentir sobre tener un auto muy caro. ¿Qué pensamientos tendrá la persona a la que mientes después de compartir información falsa con ellos?

¿Quién se ve afectado por las mentiras que dices? ¿Por qué tienes que mentir para empezar?

Hazte estas preguntas primero si sientes la necesidad de mentir.

4. LOS CELOS PUEDEN SACAR LO MEJOR DE TI

Tu mejor amigo tiene su propia casa, un auto nuevo, una hermosa novia, tiene éxito en su carrera y, además, tiene estilo y es elegante. Aspiras a todas estas cosas para ti porque ves que él lo tiene todo. ¿A qué te dedicas?

No está mal estar motivado y trabajar duro para lograr y conseguir grandes cosas para uno mismo. Lo que es malo es cuando tus estándares provienen de los logros de otros. Tu mejor amigo adquirió esas cosas no porque quisiera competir contigo. Logró esas cosas para mejorarse a sí mismo. Eso es lo que también tienes que hacer.

Es lo más triste cuando una persona basa su felicidad y realización en cómo se compara con los demás. Si quieres un auto nuevo, consíguelo. Si quieres tu propia casa, consíguela. Pero piensa muy bien para qué sirven estas cosas.

Perseguir los estándares de los demás es un camino sin fin.

Nunca puedes estar realmente satisfecho porque siempre miras lo que otros han logrado a tu alrededor en lugar de tus propias victorias.

Siempre habrá alguien mejor que tú en algunos aspectos.

Esto no te hace menos persona. Lo importante es que tú sabes quién eres y te esfuerzas por ser mejor en las cosas que sinceramente quieres.

Cuando veas que otras personas también obtienen las cosas que querías para ti, trabaja duro para lograrlo, pero nunca te preguntes por qué pudieron obtenerlas antes que tú. Cada persona tiene sus propios obstáculos que superar.

No confundas la codicia con las metas.

. . .

5. APRENDE A PROCESAR LA RETROALIMENTACIÓN

La retroalimentación no es algo de lo que debas tener cuidado. De hecho, la retroalimentación debe ser valorada.

Cuando una persona reacciona ante ti y te dice cómo le afecta tu comportamiento, lo primero que debes hacer es escuchar.

Haces esto no solo porque quieres complacer a esa persona.

Haces esto porque quieres conocerte aún más y saber cómo te encuentras con otras personas.

Es posible que tus palabras y tus gestos no siempre representen tu yo auténtico a veces. Aprende de esta retroalimentación para que pueda comunicar mejor y más efectivamente tu verdadero yo a los demás.

Tus acciones después de averiguar cómo la gente reacciona a tu comportamiento son completamente suyos para decidir.

. . .

Asegúrate de que aún encaje con tu marca personal y con la persona que aspiras a ser. Este ejercicio está destinado a capacitarte para tomar mejores decisiones en el futuro.

Después de recibir retroalimentación, evita excusarte. Si esto es lo que les pasa a otras personas, esa es su responsabilidad.

Sí, los demás pueden estar equivocados sobre ti a veces, pero es mejor saber por qué y cómo les haces estas impresiones.
   Poner excusas y admitir tus errores son acciones que crean hábitos. Si dar excusas se convierte en un hábito para ti, será difícil que te des cuenta cuando te equivocas. Esto te impide hacer ajustes positivos a ti mismo. Sin embargo, si admitir tus errores es el hábito que eliges, siempre tienes la oportunidad de aprender realmente de tus errores y reconocer los cambios que tienes que hacer. ¿Qué hábito elegirás?

6. PERMITE CAMBIAR

Piensa en la autenticidad como una meta que tienes para ti mismo. No es una cualidad innata que sale naturalmente de las personas. Una parte de ser auténtico es aceptar que nadie es perfecto. Los errores y las dudas sobre uno mismo son completamente naturales.

. . .

Permítete aprovechar al máximo este viaje. Si has cometido errores en el pasado, has las paces con eso y descubre dónde ajustarse.

Deja de preocuparte por sentirte pequeño y ser ridiculizado por tus defectos. Estás definido por tus acciones y no por lo que otros piensan o dicen de ti. Es lo que haces después lo que importa.

Si tus errores realmente te están molestando, solo piénsalo de esta manera, ahora eres consciente de las cosas que hiciste mal. No hay forma posible de que retrocedas en el tiempo y hagas cosas diferentes en ese momento. Solo puedes avanzar.

Pero, a diferencia de antes, ahora eres consciente de las consecuencias de tus acciones. La mejor manera de compensar tus errores es hacer todo lo posible para no repetirlos. No permitas que la vergüenza se interponga en el camino de tu superación personal. Aprovecha esto como una oportunidad y sé serio acerca de hacerlo mejor después de esto.

4

Deja De Tratar De Conseguir La Parada De Todos

PROBABLEMENTE, el mayor obstáculo cuando se trata de ser auténtico y apegarte a tu marca personal es cuando comienzas a tratar de obtener la aprobación de otras personas. Dicho esto, puede mantenerte más lejos de mejorar tu inteligencia social.

Tratar de obtener la aprobación de todos es un gran problema. La parte más difícil de esto es que es perfectamente natural sentir que tienes que estar del lado bueno de todos para poder socializar con gracia.

Querer sentirte amado, necesitado, inteligente y atractivo son todos indicadores de la necesidad de aprobación de una persona. Estos son totalmente naturales y es perfectamente humano querer ser aceptado.

· · ·

De hecho, esto es algo que se encuentra en la naturaleza misma. Los pavos reales extienden sus plumas de colores para atraer a una posible pareja. Las aves del paraíso usan la danza como un ritual de apareamiento para invitar a una posible pareja. Los babuinos forman camarillas en función de la personalidad de sus compañeros.

Los humanos tenemos nuestra versión de tal práctica. Está arraigado en nuestra naturaleza sentirnos como si necesitáramos ser aceptados para poder prosperar y sobrevivir.

Cuando estaba en la escuela primaria, tenía dos compañeros con los que pasaba la mayor parte de mi tiempo después de la escuela. Tomábamos descansos para almorzar juntos. Salíamos juntos de clase y nos dirigíamos a la casa de este tipo, llamémosle Aldo. Yo era un poco fanático de las matemáticas, el lenguaje y la ciencia y los tres pasaríamos nuestro tiempo estudiando y conversando sobre esas cosas juntos.

Un par de años más tarde, uno de los chicos más populares de la escuela empezó a ser mi amigo. Nos llevamos bien y muy pronto yo era parte del grupo genial en nuestra escuela.

Sucedió rápidamente y nunca me di cuenta de mi salida de mi grupo con Aldo. Empecé a no salir más con ellos.

. . .

Fue genial estar con la multitud "it". Teníamos nuestra propia mesa en la cafetería y siempre teníamos algún sitio adonde ir. Se sintió realmente genial ser digno de este lugar en el grupo.

Después de un año en este nuevo grupo del que ahora formo parte, ya no pasé tiempo fuera de la escuela leyendo sobre ciencias y matemáticas. De hecho, mis calificaciones comenzaron a caer en picada. Bueno, saqué nueves, así que no fue gran cosa. No estaba reprobando ninguna de mis clases. No parecía que mi vida se estuviera arruinando.

Estuve con ellos hasta la escuela secundaria.

El primer año de secundaria fue emocionante. Mi grupo se estaba volviendo más popular que nunca. Salíamos todos los días después de la escuela. Salimos a comer, fuimos a los lugares más de moda y nos manteníamos al día con las últimas tendencias de entonces. Y luego había un pequeño problema. No tenía suficiente dinero para mantenerme al día con nuestro estilo de vida. Empecé a no ir a los lugares frescos habituales con ellos. En lugar de salir, comencé a interesarme por las cosas que antes me gustaban. Empecé a leer de nuevo. Pasé más tiempo en casa y en la biblioteca en comparación con salir con mi camarilla.

Debido a que me estaba sumergiendo en todas estas cosas, se derramaba fuera de mí y crecía la emoción de compartir mis intereses con mis compañeros. Hablaría de las glorias de las matemáticas, la ciencia y la naturaleza con mi camarilla.

Desafortunadamente, simplemente no era interesante para ellos. A veces se reían de mí en la cara porque sonaba como un nerd para ellos, como si fuera algo muy cómico.

Honestamente, hubo momentos en que me lo creí. Me pregunté por qué estaba volviendo a este interés mío de la infancia del que ya me había deshecho. Cada vez que sentía que me estaban ridiculizando, encontraba formas de obtener otra dosis de frialdad. El dinero seguía siendo un problema y comencé a sentir que tenía que conseguir el dinero para poder salir con ellos nuevamente y poder volver a ser el tipo genial que ellos preferían.

Un día, estaba caminando hacia la mesa del almuerzo en la escuela y mis compañeros me ignoraron por completo y salieron de la cafetería. Fue vergonzoso y pensé que tal vez solo estaba siendo demasiado sensible al respecto. Tal vez terminaron de almorzar y tenían otro lugar para estar. Lo mismo sucedió en todas partes donde los seguí también.

Me sentí tan pequeño. Sin embargo, cuanto más pequeño me sentía, más tenía que perseguirlos.

Solo tenía que estar en el grupo otra vez y fue mi culpa porque los empecé a aburrir. Necesitaba hacer algo, cualquier cosa para recuperar a mis amigos.

. . .

Nunca lo hice. Terminé la escuela secundaria, fui a la universidad y comencé a trabajar sin mis amigos "geniales" conmigo. Este incidente me dejó un sabor amargo en la lengua y nunca más volví a tener un grupo. Tenía amigos, pero nunca salía con las mismas personas constantemente.

Fue traumático para mí y pensé que todas las personas eran así.

Los chicos geniales continuaron siendo amigos entre sí a lo largo de los años. Con la era de las redes sociales, se volvió molesto verlos juntos y crecer como amigos cercanos. Es cierto que todavía me molesta cuando los veo publicar fotos de sus fiestas y reuniones. Me siento mal cuando los veo felices de estar juntos con sus esposas e hijos.

Me sentí avergonzado por estas personas y en mi cabeza, deseé que el grupo se desmoronara y yo fuera reivindicado por la injusticia de ser abandonado por ellos.

Entonces, un día, mi viejo amigo Aldo me contactó.

Trajo a nuestro tercer amigo y tomamos unas copas después del trabajo. Era como si nada hubiera cambiado entre nosotros tres. Compartimos nuestro amor por nuestros viejos intereses y también se exploraron nuevos intereses. Nos la pasamos muy bien.

. . .

En el transcurso de esta reunión, se mencionó cómo dejé el grupo. No estaban enojados conmigo ni nada. Simplemente dijeron que les sorprendía que ya no pasara tiempo con ellos.

Traté de mirar hacia atrás y, sinceramente, no pensé que estaba dejando atrás a mis dos amigos.

Solo pensé que estaba con nuevos amigos que disfrutaba más. Y eso es lo que ellos también pensaron.

Me dijeron que se sintieron mal cuando se enteraron cómo comencé a perder a mis nuevos amigos y que ellos vieron cómo esa experiencia me había transformado. Aunque sintieron lástima por mí, todos éramos niños y simplemente no sabíamos cómo abordar la situación en ese momento.

Todos avanzamos y ahora estamos aquí.

No, esta no fue la historia de un hijo pródigo en el que yo volví al grupo una vez más. Pero reunirme con ellos me mostró lo fácil que es perderse de vista a uno mismo cuando se tiene la mentalidad de perseguir la aprobación de los demás. El arrepentimiento es algo que he aprendido a manejar y honestamente puedo decir que no vale la pena insistir en cosas así. Sin embargo, las lecciones extraídas de esa experiencia nunca deben borrarse.

· · ·

Todas las cosas que hice para buscar la aprobación de los demás fueron agotadoras mental, física, financiera y emocionalmente. Pero cuando miro hacia atrás, no hubiera tenido que pasar por todo eso si me hubiera dado cuenta de lo que realmente me hizo feliz en ese momento.

Tuve dos amigos todo el tiempo con los que compartía mi amor por las cosas que despertaban mi interés. Esto no quiere decir que no debería haber sido amigo de nadie más que de ellos. El punto es que me perdí porque favorecí la idea que otra persona tenía de mí.

Podemos seguir prosperando incluso si mantenemos nuestra propia marca personal. Todos éramos niños en ese entonces, pero los "niños geniales" pudieron haber visto a través de mí en ese entonces. Ya no era yo mismo y ya estaba luchando con mis propias pretensiones.

Me estremezco al pensar en mi antiguo yo en ese entonces.

Dije cosas para mantenerlos interesados. Compré cosas que realmente no me importaban pero que eran una cosa para ellos. Salía con ellos, aunque ya no tenía ganas y eso me quitaba la energía de las cosas que realmente me gustaban.

El truco con la mente humana es: la no aceptación es igual al rechazo. Esto nos agobia mucho y nos empuja a poner nuestras energías en las cosas que nos frustran.

. . .

Debido a que soy el protagonista de mi historia, parece que me intimidaron y los "niños geniales" me rechazaron. Sin embargo, eche un vistazo a mi trío con Aldo. Yo les hice lo mismo a ellos, pero en realidad nunca me molestó. Con toda honestidad, no pensé mucho en el abandono que hice. Simplemente estaba avanzando.

Y eso fue todo. Me tomó años darme cuenta de que teníamos intereses diferentes y no siempre se trataba de hacerme sentir mal. El hecho mismo de que, sin importar lo que hiciera, nunca volvería a conectarme con ellos demuestra que no se trataba de obtener favores de mí. Mi marca ya no encaja con la de ellos.

Mirándolo de esa manera hace que sea más fácil de entender. No siempre es como se representa en las películas.

Nunca pensé en Aldo como un tipo malo y aburrido. Ese pensamiento nunca pasó por mi mente. Nunca fue personal.

Aldo tenía la perspectiva correcta de las cosas. Me conocía y sabía que no se trataba de él. Nunca me persiguió. Nunca habló mal sobre los "niños geniales" solo para subirme la autoestima. Aldo siguió y siguió siendo Aldo. Un día, tuvo ganas de volver a hablarme, así que hizo la llamada y pasamos el rato. Mientras tanto, estaba empapado de autocompasión y dudas. Honestamente, estoy tan acostumbrado a sentir un sabor agrio sobre el otro grupo y yo todavía no podría volver a estar con ellos de manera casual otra vez.

El sentimiento de rechazo tiene una buena forma de matar tu autoestima. Estás convencido de que eres lo contrario de lo que aspiras a ser. No eres amado. No eres necesario. Tú eres tonto. Tú eres feo. Estos sentimientos comienzan a consumirte. De repente, te conviertes en esta persona desconfiada y odiosa a la que le resulta imposible ver felices a los demás.

En un estudio, los investigadores encontraron que el rechazo induce la misma respuesta en el cerebro que el dolor físico.

Otro estudio muestra que al menos 2 de 15 tiradores escolares fueron rechazados. El rechazo provoca un anhelo de venganza y cierre en el cerebro de una persona.

Aldo me ha parecido una lección preciosa que tengo la suerte de haber recibido. El sentimiento de rechazo empieza por cómo interpretas las diferencias que tienes con otras personas.

Sin embargo, no era tan malo de niño. Tengo algo bien.

· · ·

Soy muy afortunado de tener una relación cercana con mis padres. Durante esos tiempos tumultuosos de mi juventud, los tenía para hablar. Sin embargo, encontré una de sus respuestas ridículas.

Mi padre me dijo que la razón por la que estaba siendo rechazado fue que estaba empezando a mirar como una amenaza. Mis compañeros no estaban muy contentos de ser amigos de alguien que tenía la mente para acomodar conocimientos valiosos y esto parece algo que no podrían lograr por sí mismos. No les caía bien porque yo era mejor que ellos.

No era la idea de que estuvieran celosos lo que me sonaba ridículo y podría haber sido cierto también.

Lo que encontré ridículo fue la idea de que yo era el centro de su comportamiento y que pensaban que era mejor que ellos.

Esto es ridículo porque me enviaría por otro camino destructivo. No pensé que tenía que ser mejor que ellos. No me gustaba la idea de levantarme por ellos. Simplemente se sentía antinatural para mí.

En ese entonces no sabía por qué me sentía así. Ahora que soy mayor, me doy cuenta de que no es necesario que yo sea mejor que ellos para que me odien. Esos sentimientos de celos que tenían, no estaban en mí. Incluso si lo hago mucho mejor que ellos o mucho peor que ellos, no importa.

• • •

No puedo resolver sus propias inseguridades y pensar que soy mejor que ellos tampoco resolverán mis inseguridades. La mejor manera de verlo es que ya no hicimos clic. No fue culpa de nadie. Lidiar con estas cosas debería ser recibido con mucha más amabilidad, pero no todos tienen esa capacidad y esperar eso de todos solo te romperá el corazón. Recuerda siempre que no siempre es personal.

Tampoco tiene sentido convencer a ti mismo que eres mejor que aquellos que te hicieron sentir rechazado.

Lo que importa es tu yo genuino. Eres una entidad completamente separada de ellos y si has hecho todo lo posible para mantener tu marca personal, ya no es tu batalla.

A algunas personas nunca les gustarás y hay personas a las que nunca les gustarás también. Así es la vida.

No te preocupe por la aprobación de otras personas. Tu aprobación de ti mismo y tu felicidad es lo que más cuenta.

¿Es esta la vida que quieres? ¿Qué necesitas hacer para conseguir la vida que quieres? Enfócate en eso y deja que los demás sean.

• • •

Al final del día, si las personas con las que pasas el tiempo y las acciones que realizas no se ajustan a tus aspiraciones y tus valores, entonces nunca encontrarás la realización y la felicidad.

5

Mejora Tus Habilidades De Comunicación

AHORA, es hora de concentrarte en comunicarte con los demás. Un libro sobre inteligencia social no tendrá sentido si no aborda la forma en que comunicas tus pensamientos y necesidades internas.

La verdadera razón por la que los humanos son capaces de adquirir inteligencia social es que tienen la capacidad de interactuar y ser comprendidos por los demás. Así es como somos capaces de relacionarnos y participar en organizaciones sociales.

La comunicación juega un papel importante en la mejora de tu inteligencia social y la comunicación efectiva puede significar la diferencia entre una relación social exitosa y una fallida.

. . .

En este punto del libro, es posible que tengas diez para conocerte mejor. Esto es lo más esencial que debes aprender antes de trabajar para mejorar tus habilidades de comunicación. Esa es precisamente la razón por la que dedicamos los primeros capítulos a tratar de comprender primero tu ser interior.

Si no te conoces a ti mismo lo suficientemente bien, no hay manera de que expreses tus sentimientos e ideas con claridad. Una vez que tengas una firme comprensión de ti mismo es cuando estás listo para trazar tu camino hacia una comunicación buena y efectiva.

Es como intentar cocinar un guiso sin tener todos los ingredientes antes. Estás a medio camino de cocinar y luego te das cuenta de que necesitas algo que falta en tu despensa, pero sigues adelante de todos modos. ¿Qué pasa entonces?

No obtienes lo mejor de tu plato. Es posible que ni siquiera sepas de la forma en que pretendías que fuera y el arrepentimiento se asienta.

Ya que ahora conoces los pasos para obtener una visión completa de ti mismo. Ahora profundizaremos en la importancia de comunicarte bien con los demás.

· · ·

El corazón de las interacciones sociales es la comunicación efectiva. Es muy importante mejorar tus habilidades de comunicación si quieres desarrollar tu inteligencia social.

¿Observas cómo decimos comunicación efectiva y no solo comunicación? Es porque cualquiera puede comunicarse. Puedes comunicar todo lo que quieras, con la frecuencia que quieras y tan alto como puedas, pero tu mensaje e intención nunca llegan por completo. Incluso si la otra persona te escucha, es posible que no entiendas completamente lo que estás tratando de comunicar. O peor aún, la persona podría terminar malinterpretándote.

En lugar de poder transmitir su punto de vista, se involucra en este intercambio frustrante que termina siendo una pérdida de tiempo y energía. Entonces, ¿cómo puede mejorar tu comunicación?

Para poder comunicarte de manera competente, primero debes desarrollar lo que se llama fluidez verbal. La fluidez verbal permite a una persona expresar sus ideas libremente y sin esfuerzo.

Una forma de comprender mejor la fluidez verbal es compararla con el baile. Para mejorar tus habilidades de baile, debes desarrollar bien tus reflejos y músculos.

. . .

A medida que trabajas en tus reflejos y fuerza muscular, el baile se vuelve mucho más fácil. Mejorarás en la ejecución de los pasos de baile una vez que domines estas dos cosas.

Bailar se convierte en un instinto para ti y puedes hacer movimientos más difíciles con menos esfuerzo.

Eso es lo que es tener una fuerte fluidez verbal. A medida que practiques más y más la buena comunicación, podrás articularte mejor con menos esfuerzo.

Si usas pasos en el baile, usas el lenguaje en la comunicación. Tu fluidez verbal determina qué tan bien puedes usar el lenguaje en la comunicación. Una vez que se aprovecha la fluidez verbal, el lenguaje se vuelve instintivo para ti y podrás administrar mejor tu energía cuando participes en una interacción social.

Lo que pasa con el lenguaje es que en realidad es una combinación de tus expresiones verbales y no verbales. La gente a menudo restringe el lenguaje a las palabras y es por eso que hay personas que dicen todas las palabras correctas sin perder el tiempo en respuestas previstas. El lenguaje corporal es una parte importante de la comunicación.

Puedes comunicar muchas cosas incluso sin el uso de palabras.

. . .

Tomemos a los bebés, por ejemplo. No hay otra forma de expresar felicidad, tristeza y frustración sino a través de su expresión facial y gestos corporales. Sin embargo, los entiendes.

Esta es también la razón por la cual las personas que no comparten el mismo lenguaje verbal logran comunicarse de alguna manera. Debes tomar nota de los gestos que haces y las prácticas que tienes cada vez que intentas interactuar con alguien.

Echa un vistazo a tus hábitos también. Por ejemplo, cuando estás hablando en público, demasiado movimiento puede distraer a tu audiencia. Esto también puede deberse a la falta de confianza. Cuando las personas no están seguras de la forma en que dicen las cosas y las palabras que pronuncian, el cuerpo se vuelve inquieto.

El lenguaje corporal dice mucho sobre una persona, quizás incluso más que la comunicación verbal. Es una de las cosas más difíciles de controlar y es difícil de contener.

Otra forma no verbal que se puede utilizar es mantener el contacto visual. Al mantener el contacto visual, encierra a tu audiencia. Parece confiado y asertivo para no perder tu atención. También muestra compromiso para que tu audiencia intente escucharte más de cerca.

· · ·

El espacio también es un elemento no verbal que la gente suele olvidar. Si te acercas demasiado a una persona durante una confrontación, es posible que la hagas sentir incómoda.

La otra persona puede tomar esto como una intrusión en tu espacio personal y termina enfocándose en cerrarse contigo.

Incluso la forma en que se viste se considera lenguaje no verbal. Si estás vestido informalmente, esto envía un mensaje de que eres informal. En un entorno empresarial, esto puede no ser la mejor cosa. Si también te vistes demasiado formal para un evento informal, es posible que no coincida con el ambiente relajado y que las personas se sientan intimidadas por esto.

El lenguaje no verbal también incluye voz, no declaraciones, sino una voz. Tu audiencia lee la sincronización y el ritmo de tus palabras, la dinámica o el volumen y la suavidad de tu voz, tu tono y tus inflexiones.

Tienes que ser consciente de estas cosas porque tu audiencia también recibe señales y les da significado. Los cambios que realices en cualquiera de estos elementos pueden afectar la forma en que tu audiencia le responde.

Mientras tanto, estar muy cerca de la persona con la que está hablando también puede ser una señal de confianza e intimidad si tal precedente se establece al principio de la interacción.

La mejor manera de evitar mensajes no verbales innecesarios y no coincidentes es volverte consciente de ti mismo. Intenta y practica hablar frente al espejo y observa si lo que dices coincide con los gestos que haces. Nadie te creerá si dices que eres feliz pero tu cara está al revés y estás llorando a todo pulmón.

También puedes conseguir un compañero que pueda criticar la forma en que te mueve mientras conversas.

Pídeles retroalimentación y toma nota tanto de las cosas en las que haces bien como en las que tienes que mejorar.

Descubrir tus puntos buenos también puede ayudarte a mejorar aún más tu confianza.

Ahora vamos a la forma tradicional de lenguaje que es el lenguaje verbal. Esto es, de hecho, una parte esencial de la interacción humana y una gran parte de la inteligencia social. Lo más importante que tienes que practicar en la comunicación verbal es la claridad. El primer error de las personas que aspiran a ser buenos oradores es que decoran su hablar demasiado con palabras innecesarias.

. . .

Se enfocan demasiado en sonar inteligente contra ser entendidos.

Para ser entendido, tienes que ser claro y al punto. No hay necesidad de saturar tus mensajes con palabras floridas y jerga sin sentido. Usa un español simple tanto como sea posible para que tu audiencia pueda concentrarse más en tu declaración y se necesite menos esfuerzo solo para tratar de decodificar lo que sea que esté tratando de decir. Si te encuentras usando un lenguaje intrincado y dando detalles innecesarios para aliviar tus inseguridades percibidas, detente y tómate un momento para ajustar tu lenguaje.

Has que tu objetivo sea poder articular tus declaraciones de la manera más concisa posible. Las conversaciones no son una competencia en cuanto al número de palabras que se te ocurren. Cuando se trata de una comunicación efectiva, se prefiere la calidad a la cantidad.

Tienes un problema si te sientes más cómodo diciendo: "Mi miocardio, la palabra científica para corazón, está experimentando algún tipo de sufrimiento porque no he podido verte durante mucho tiempo". Versus, "te extraño".

Siempre comienza las conversaciones con intención. No canses a tu audiencia incluso antes de entender tu punto. Andarte por las ramas no ayuda a nadie. Sólo agota el tiempo y la energía.

. . .

Cuando inicias conversaciones con tu declaración principal, tu audiencia es guiada adecuadamente en la conversación y ambos gastan su tiempo y energía entreteniendo puntos más válidos.

Andarte por las ramas también es un signo de duda y falta de confianza. Solo te estás engañando a ti mismo si sigues arrastrando tu discurso porque no estás seguro de tu declaración. Solo terminarás confundiendo a tu audiencia y esto es lo último que deseas si tu objetivo es comunicarte de manera efectiva.

Por último, el mejor enfoque del lenguaje es ser simple y directo en tu comunicación. Tómatelo con calma y no dejes que tus nervios se apoderen de ti. Vuelve siempre a quién eres y cuáles son tus prioridades para que puedas seguir siendo sincero y claro cada vez que intentes comunicarte.

6

Comunícate Como Si Tu Vida Dependiera De Ello

HAY una serie de cosas para las que usamos la comunicación. La comunicación se utiliza para compartir información, dar opiniones, hacer preguntas, expresar nuestros deseos y necesidades, participar socialmente y mucho más. Muchos dispositivos y sistemas se crean solo para que las personas puedan comunicarse.

Según una historia hubo una persona apellidada Khan que hizo que los jinetes pasaran mensajes entre estaciones a 25 millas de distancia. Este sistema permitió que los mensajes se enviaran hasta 300 millas por día y algunos atribuyen el éxito de su imperio a este sistema de comunicación.

¿Te imaginas el mundo sin teléfonos celulares e Internet hoy en día? Si los aviones no tuvieran un sistema de comunicación, viajar por aire se volvería peligroso. Tener una línea directa de emergencia como el 911 puede salvar vidas.

Debido a que es tan esencial para nuestras vidas, todos los días se crean oportunidades para la comunicación.

En el capítulo anterior, discutimos cómo comunicarte de manera efectiva. Ahora hablaremos de cuándo y por qué es importante comunicarse. No hay otra manera de que la gente te entienda y de que te comuniques con alguien sin comunicación. Tener las herramientas adecuadas para comunicarte no tiene sentido si no las utilizas para los fines correctos.

La comunicación es lo que hay que invertir en las relaciones interpersonales. Sin él, no hay forma de que construyas nada con nadie. Las transacciones son una forma de comunicación. Charlar es comunicación. La enseñanza es comunicación. Una sonrisa, un abrazo, un beso son expresiones que comunican.

En el lugar de trabajo, el sistema fallará si se deja fuera incluso una pequeña cantidad de información. Supongamos que un cliente te ha enviado una propuesta por correo electrónico y no llega al departamento con el que pretendes comunicarte. La propuesta nunca te llega. No pasa nada y el trato nunca existirá.

Además de la necesidad de intercambiar información, también somos capaces de influir en los demás a través de la comunicación. Lo que decimos y hacemos puede afectar a otras personas de muchas maneras. Puede motivar, fortalecer y construir relaciones. Puede cambiar la forma de pensar de una persona, alentarla y también puede traer alivio a una persona que está luchando.

La salud mental es un problema con el que muchas personas luchan y, a veces, poder comunicarse es lo que tiene el impacto correcto en la condición de una persona. Hay personas que no son capaces de expresar su desesperanza y sus miedos, pero una vez que comienzan a recibir la motivación y el alivio adecuados, toda su perspectiva de la vida cambia.

Eso es lo que puede hacer la comunicación, lo único que tienes que hacer es aprender cuándo y cómo debes usarla.

Entonces, ¿cómo se puede aplicar la comunicación en un entorno social?

1. Una sonrisa trae un largo camino atrás

El simple gesto crea un efecto dominó sin fin. Cuando llegas a la oficina y tus compañeros de trabajo te saludan con una sonrisa, cambia tu estado de ánimo y comportamiento.

Tú respondes con una sonrisa y comienzas a saludar a todos los demás también con una sonrisa. Todos terminan sonriendo. Y luego, un compañero de trabajo llega tarde con una mirada de enojo en su rostro. Todos ustedes comienzan a estar molestos por esta persona. Le dices hola con una sonrisa agradable y sincera. En lugar de responder amablemente, esta persona ni siquiera te mira. ¿Cómo te haría sentir esto?

Incluso tu expresión facial puede enviar señales a las personas que te rodean. Sé consciente de tu no verbal y ajústalo de acuerdo con el efecto que deseas en las personas.

2. Haz amigos

Conoce a las personas hablando sobre ti y escuchando sus historias también. No dudes en abrirte a las personas siempre que sea en el contexto adecuado de la situación en la que te encuentras. Si es sólo una charla informal, habla sobre tus intereses a la ligera y deja que la conversación progrese.

Las pequeñas interacciones también pueden conducir a relaciones más profundas. Todo depende de la cantidad de inversión que pongas en la relación. Solo recuerda tener en cuenta tus responsabilidades sociales y ser auténtico con tu comunicación.

3. Sé vulnerable de vez en cuando

A menudo, las personas tienen miedo de la comunicación debido a las inseguridades derivadas de la inexperiencia y el trauma previo. No permitas que esto se interponga en el camino de conectarte con las personas. Los errores son errores. Lo más importante es que los reconozcas, avances y te ajustes.

Las inseguridades y los errores también pueden ser fuentes de motivación. Cuando empiezas a hablar de tus miedos y preocupaciones, a otras personas se les da la oportunidad de ayudarte con ellos y también de aprender de ellos.

También es una forma de que los líderes fomenten el crecimiento y se vuelvan más accesibles. Cuando los líderes están abiertos a hablar sobre los errores, se genera confianza dentro de su equipo. Los otros miembros del equipo se sienten más cómodos pidiendo orientación y también se sienten más cómodos reconociendo y ajustando sus errores.

4. Cuenta historias

Las historias pueden tener mucha influencia en las personas.

Pueden obtener motivación, esperanza y confianza simplemente escuchando historias poderosas que resuenan con ellos. Las historias no tienen que ser complicadas y largas. Siempre que contengan grandes lecciones y situaciones identificables, pueden impactar en las vidas de otras personas y, a veces, incluso de comunidades.

· · ·

Por eso se cuentan las historias de grandes personajes que siguen fascinando y motivando a personas de todo el mundo. Las historias de grandes líderes, héroes y otros íconos inspiradores. Estas historias afectan la vida de muchos.

5. Reconoce lo bueno en las personas

Dile a la gente lo que aprecias de ellos. No dudes en felicitar a alguien por un trabajo bien hecho o por cualquier buena acción, pequeña o grande. Da motivación positiva y da confianza a las personas.

¿Piensas en la vez que te dieron las gracias por algo? ¿Cómo te hizo sentir? Pague una experiencia positiva hacia adelante. Las personas se animarán a hacer el bien cuando sean reconocidas por las cosas buenas que hacen.

6. Cuéntale a la gente lo que necesitas

Si quieres pasar tiempo con alguien, díselo. Si necesitas espacio, dilo. Si necesitas más dirección, pídela. Cuando algo te ofenda, enfréntalo. Incluso los bebés intentan comunicarse cuando tienen hambre o necesitan un cambio de pañal.

No poder decirle a la gente lo que necesita solo crea animosidad para ti y confusión para los demás. Es tu responsabilidad dejar que la gente sepa lo que necesitas. No debes esperar que todos sepan automáticamente cómo te sientes y de dónde provienen tus molestias.

Encuentra un lugar y un momento adecuados para ello y luego discútelo con la otra persona con claridad y respeto.

No seas pasivo agresivo al respecto. Mientras estés tratando con una persona sensata, y tú eres respetuoso con su solicitud, la otra persona discutirá las cosas contigo de la manera adecuada.

7. Haz preguntas

No dudes en preguntar sobre las cosas que te interesan y de las que quieres aprender. Solo asegúrate de preguntar con respeto y pregúntate en el lugar correcto y en el momento correcto. Puedes aprender mucho de otras personas.

A veces incluso piensas que sabes algo completamente bien, pero escucharlo de otras personas te muestra lo que te perdiste.

8. Responder a las personas

Cuando recibas un mensaje, acusa de recibo y responde apropiadamente. Si alguien te envía un mensaje informativo, trata de corresponder el esfuerzo que queda dentro del contexto de tu conversación. Sin embargo, recuerda mantenerlo conciso y sincero.

Cuando recibes un correo electrónico que es detallado y útil para ti, no puedes simplemente responder con "OK". Agradece a la persona, reconoce cómo es útil y hazlo rápidamente.

Retrasar tu respuesta solo correrá el riesgo de olvidarse de ella. Además, cuando demoras una respuesta, la otra persona puede pensar que no has recibido su mensaje o que el mensaje no fue bien recibido.

9. Agradece a la gente

Reconocer a las personas cuando ofrecen ideas y sugerencias. Da las gracias cuando recibas una actualización o un aviso.

Cuando ignores estos gestos, la gente pensará que tus acciones fueron inútiles y poco apreciadas. Esto envía una mala señal a su compañero, especialmente si se solicitó su entrada. Dejarán de conectarse contigo y, lo que es peor, incluso podrían ofenderse por tu falta de respuesta.

Agradecer a las personas también las motivará a ayudarte aún más. Cuando las personas ven que están ayudando y que son reconocidas por sus esfuerzos, están más dispuestas a hacer más para ayudarlo.

Hay muchas otras situaciones que requerirán una comunicación efectiva de su parte. Todo dependerá de tus objetivos e intenciones. Solo recuerda estas pocas cosas importantes para guiarte.

- Práctica para que ganes coraje y confianza.
- Sé respetuoso para que la gente también te respete.
- Sé sensible a las necesidades y comodidades de otras personas.
- Conozca el momento adecuado.
- Sé claro con tu comunicación.
- No envíes señales mixtas.
- Date cuenta del poder de tus palabras.
- Valora cuando la gente interactúe contigo.

Las personas socialmente inteligentes comprenden la función y la importancia de una comunicación eficaz y coherente. Si puedes convertir estas cosas en un hábito, verás sus buenos efectos. Cuando veas la importancia de esto, te verás impulsado a dedicar más tiempo y esfuerzo a la comunicación.

7

Presta Atención A Otras Personas

Es cierto que las personas están conectadas de manera diferente. Algunas personas son extrovertidas y otras también pueden ser introvertidas por naturaleza. Los extrovertidos obtienen un poco más de ventaja cuando se trata de perfeccionar tus habilidades de comunicación porque tienden a tener más práctica que los introvertidos.

Sin embargo, hay una manera para que cualquier persona, introvertida o no, mejora tu comunicación sin tener que expresarte demasiado y es practicar la escucha activa.

Si las interacciones sociales son una calle de doble sentido, además de aprender a expresarte, también debes aprender a prestar atención a otras personas. Aunque el objetivo de la mayoría de las personas que buscan desarrollar tu inteligencia social es ser escuchados y comprendidos, también hay poder en aprender de los demás.

Al escuchar y observar a los demás, puede ayudar a

nutrir tu inteligencia social. El mero hecho de prestar atención a los demás sin necesariamente abrirse es una forma
muy efectiva de aprender a establecer relaciones interpersonales exitosas.

Una dificultad para ser introvertido es que se agotan cada
vez que se involucran en la socialización. No les disgusta la
gente. Simplemente tienen un menor stock de energía destinado a las interacciones sociales. Prefieren reservar esta
energía para conexiones más significativas.

Para aquellos que prefieren mantener sus círculos sociales
más pequeños, es difícil fomentar las relaciones y elegir a las
personas con las que te gustaría conectarte.

Un beneficio que puedes obtener de la escucha activa es que
a medida que tratas de comprender más a otras personas,
aprendes a confiar y dejarlas entrar. Ser capaz de aprender
sobre ellas simplemente observándolas y escuchando puede
ayudar a reservar tu energía y mejorar tu elección. Con
quién te conectas.

Si tu resistencia social no es un problema, la escucha activa
sigue siendo una habilidad muy importante para aprender.

El problema de aquellos a los que les resulta más fácil
expresarse antes de intentar escuchar a la otra persona es

que pierden de vista el verdadero propósito de la comunicación que es conectar.

Repito: las interacciones sociales son una calle de doble sentido. Si sigues y sigues sin considerar el efecto que tienes en tu audiencia, tus palabras se vuelven inútiles y no obtienes nada de tu encuentro.

Deja de decirte a ti mismo que has hecho y dicho todo, pero te has quedado sin nada. Ese es exactamente el problema. Fuiste tú quien dijo e hizo todo. No hubo intercambio entre tú y la persona con la que estabas tratando de conectarte.

Pregúntate si notaste algún tipo de respuesta de esa otra persona. Si no obtuviste nada, eso también cuenta como una respuesta.

Si un perro sigue ladrando y no importa lo que digas o hagas, sigue ladrando, ¿te quedarías? ¿Te agotarás por algo que no despierta ninguna respuesta de tu parte?

Es comprensiblemente difícil contenerte cuando estás demasiado emocionado o demasiado frustrado por algo.

Pero solo será una terrible pérdida de energía si derramas todo lo que te importa y la persona con la que lo compartiste termina demasiado abrumada y no dispuesta a complacerte más.

Centrarte en prestar atención a los demás es un desafío.

Nadie dijo que fuera fácil, pero es necesario si quieres mejorar tu inteligencia social.

Aquí hay algunos pasos simples que puedes seguir para practicar la escucha activa:

1. NO INTERRUMPAS.

Esto requerirá mucha paciencia de tu parte, pero vale la pena la recompensa.

Interrumpir a alguien demuestra que no estás interesado en lo que tenga que decir. Estás diciéndoles rotundamente: "No, mis palabras son más importantes que las tuyas".

Dos cosas suceden si vas por este camino.

Uno, debilitas tus posibilidades de tener un intercambio significativo con esa persona. Al no permitirles tener una voz en tu conversación, terminas perdiéndote las cosas que son importantes para ellos. Sin saber lo que es valioso para ellos, no tienes nada que ofrecer a esta persona que valga la pena.

Dos, sientes un precedente de falta de respeto entre ustedes dos. La regla de oro sigue vigente cuando se trata de inteligencia social. No hagas a los demás lo que no quieras que te hagan a ti.

Si quieres que te respeten, muestra la misma cortesía con las personas con las que interactúas.

Si es la otra persona la que sigue interrumpiéndote, solo ten en cuenta que estás ganando más al no hacer lo mismo. No dejes que interfiera en tu proceso. Cualquier cosa que practiques constantemente se convertirá en un hábito y debes elegir tus hábitos sabiamente.

2. TOMA TIEMPO PARA PENSAR EN LO QUE ALGUIEN ESTÁ DICIENDO ANTES DE RESPONDER

No escuches solo para responder. Callar es lo más alejado de la escucha activa.

Si simplemente estás esperando tu turno para hablar y no estás prestando atención a lo que dice la otra persona, todavía terminará fallando en esta tarea.

. . .

El objetivo principal de la escucha activa es aprender a comunicarte con los demás y modificar los dispositivos sociales que utilizas. Cuando una persona ve que sus declaraciones y opiniones son valoradas, se siente más atraída por el oyente. Antes de responder, asegúrate de reconocer lo que la otra persona ha dicho. Ver realmente lo que esta persona ha dicho también guiará mejor tu respuesta.

Por ejemplo, quieres comer pizza en un restaurante italiano. Esta persona, por otro lado, sigue hablando de mariscos. Como quieres seguir insistiendo en tu restaurante italiano favorito, olvidas que en realidad también sirven mariscos allí. Tuviste una buena intención porque querías compartir algo que disfrutas con esta persona y estás convencido de que lo apreciará tanto como tú. Pero en lugar de pasar un buen rato y obtener las dos cosas que deseas, pierdes esta oportunidad porque estabas demasiado concentrado y apresurado para transmitir tus ideas.

3. SIGA LAS PISTAS DE LAS PERSONAS A TU ALREDEDOR Y APRENDE EL LENGUAJE CORPORAL ADECUADO.

Escanea la sala y observa cómo se comportan las personas a tu alrededor y cómo todos participan en sus propias interacciones sociales. No tienes que mirarlos fijamente y asustarlos. Solo nota las cosas simples; una sonrisa, un asentimiento, un toque, su postura, su voz. Ve cómo funcionan sus intercambios sociales.

· · ·

A partir de ahí, obtendrás una idea de cómo puedes modificar tus dispositivos sociales. También te haces una idea de lo que apaga a la gente. Esto puede no parecer mucho, pero una vez que te encuentras en una situación similar a la que has observado, de repente prácticas las cosas que has aprendido de esto.

Es posible que no lo notes al principio, pero si revisas de forma rutinaria la forma en que abordas las situaciones sociales, es posible que puedas reconocer que has aplicado lo que aprendió de la mera observación.

4. ESCUCHA LAS INFLEXIONES EN LO QUE DICEN LOS DEMÁS, QUÉ TE PUEDEN DAR PISTAS A LO QUE REALMENTE SIGNIFICA LA PERSONA.

Las inflexiones mantienen los idiomas dinámicos y los hacen totalmente personalizables para cualquier persona cuando sea necesario. Existe un cliché de que las mujeres no están realmente bien cuando simplemente dicen "OK".

Esto se debe a que la gente está haciendo uso de un truco que las inflexiones le hacen a las palabras. De hecho, las inflexiones han evolucionado con el uso más amplio del lenguaje de texto. Muchos malentendidos ocurren cuando no se reconocen los cambios en las inflexiones. Este es un caso en el que prestar atención a las personas se vuelve realmente útil.

. . .

Para mantener tu enfoque en prestar atención a las personas, encuentra el valor en tu interacción. Piensa claramente por qué estás interactuando con esta persona.

¿Trabajas con esta persona? En caso afirmativo, piensa en cómo tus interacciones con ellos afectan la camaradería y la productividad en la oficina.

¿Disfrutas de esta persona? En caso afirmativo, recuérdate que conocer a alguien requiere prestar atención a las cosas que le gustan, las cosas que le motivan y las cosas que los decepcione.

Prestar atención a las personas también es una moneda social. Solo recibes lo que das. Así que invierte tiempo y energía en prestar atención a otras personas también. No solo te permitirá construir conexiones más fuertes, sino que también fomentará una cultura más positiva y respetuosa dentro de tus relaciones.

8

Mirando Las Cosas Desde La Perspectiva De Otra Persona

CONTINUANDO con la importancia de prestar atención a otras personas, una de las cosas que todos tenemos que aprender sobre los demás es que cada uno tiene diferentes experiencias que afectan las cosas que haces hoy.

Tal vez el mundo hubiera sido un lugar más pacífico si todos compartieran puntos de vista similares. Sin embargo, habría hecho que este mundo fuera bastante aburrido y nosotros, los humanos, no habríamos progresado mucho si ese fuera el caso.

Hay quienes se criaron en sociedades individualistas y hay quienes se criaron en sociedades que fomentan un sentido de pertenencia dentro de una tribu o dentro de una familia.

A algunas personas también se les enseñó a priorizar sobresalir entre la multitud.

. . .

Estas diferencias definen nuestras vidas, pero estas diferencias también significan que siempre estaremos en oposición a los demás. No importa quiénes sean y cuáles sean las circunstancias. Tendrás diferencias con tu cónyuge, tu jefe, tu familia e incluso tus amigos.

No es una cuestión de quién tiene razón y quién está equivocado. Lo que dificulta las cosas es cuando la gente asume que sus creencias son mejores y más correctas que las de los demás. Esto crea resentimiento y animosidad que conducen a relaciones dañadas y comunicación fallida.

Verás que esto sucede en sociedades autocráticas donde los subordinados tienen poca motivación y han desarrollado resentimiento hacia sus líderes.

Respetar los puntos de vista y perspectivas de los demás es necesario para fomentar relaciones interpersonales exitosas.

Cuando se respetan tus valores e ideas, las personas están más dispuestas a participar de manera justa y feliz en las interacciones sociales. Solo recibes lo que das.

Imagina tener una conversación con alguien sobre la comida que te gusta. Si te gusta el arroz y esa persona no, será terrible que te diga que el arroz es imposible que te guste y que te deje de gustar. ¿Cómo te hará sentir esto?

Esta otra persona no tiene en cuenta cómo te importa esto porque piensa que lo que sabe y lo que prefiere es el estándar. Si estás tratando con una persona así, ¿todavía estás dispuesto a seguir entablando una conversación con ella?

¿Qué más haría si el arroz tuviera tanto valor en tu vida? ¿Y si es lo único que tienes en la vida como fuente de alimento y nutrición? Seguramente te hará sentir que esta persona no tiene la capacidad de ver lo que es valioso para otra persona. Tus necesidades no le importan mucho. Si ese fuera el caso, ¿por qué te molestarías en abrirte a ellos cuando parece que no tienen la capacidad de acomodar lo esencial a otros?

Esa persona podrías ser tú si no haces un esfuerzo por ver las cosas en los ojos de otra persona y si no ves valor en las circunstancias, sentimientos y creencias de otras personas.

Esto, sin embargo, no significa automáticamente que debas adoptar puntos de vista opuestos a los tuyos. Inviertes la situación, entonces, y terminas con tus propios resentimientos y comunicación fallida.

Lo que requiere que hagas para mirar la perspectiva de otras personas es mantener una mente abierta y hacer que tu objetivo sea comprender completamente lo que otros tienen que decir. Si tienes derecho a ser escuchado y tener una opinión diferente a la tuya, entonces los demás también deberían tener los mismos derechos que tú.

Escuchar completamente los ideales y principios de los demás te lleva a las acciones y formas de comunicación correctas que debes aplicar para poder construir una relación sólida con los demás. Esto no se debe a que tus ideas no importen, se debe a que estás tratando con otra persona que tiene sus propios sentimientos y convicciones. La única forma en que pueden vivir y trabajar juntos es respetando las prioridades y los límites de cada uno.

Si te equivocas, entonces cambia. Si tienes razón, mantente firme. Respeto no es igual a sumisión. El respeto es la aceptación y el reconocimiento de las cosas que son esenciales para la felicidad y realización de cada persona.

Puedes mantener un nivel de respeto incluso cuando no estás de acuerdo con la opinión de otra persona. Explica por qué tus ideales son importantes sin hacer que la persona sienta que no importan. Esfuérzate por expresar tus sentimientos, opiniones y creencias con tacto y claridad. Si estás tratando con una persona sensata, serás comprendido y escuchado.

Si no es así, lo mejor es evitar el conflicto y salir de él con gracia. No hay necesidad de que pierdas tu amabilidad si no puedes convencer a otros de tus ideales. Esto simplemente significa que no hay forma posible de que tú y esta otra persona se adapten a su propio conjunto de estándares en esta circunstancia.

. . .

Un estudio realizado en Iowa mostró que hay personas que no son capaces de ajustar sus creencias incluso si se enfrentan a pruebas válidas que se oponen a sus sentimientos. Esto se remonta a cómo está conectada esa persona y los otros valores que prioriza debido al entorno en el que se crió.

Comprender el punto de vista de otra persona no se limita a comprender las declaraciones que da. Ponte en el lugar de los demás y trata de comprender también lo que sienten frente a lo que piensan. Cada persona tiene su propia forma de procesar las cosas que ve y las experiencias de cada persona siempre serán diferentes a las tuyas.

Cuando hablamos, todos tenemos nuestros propios prejuicios, valores y creencias que afectan la forma en que concluimos y respondemos. Ver el mundo a través de otros ojos nos permitirá comprender qué es importante para los demás, qué los mueve y qué no es negociable para ellos.

Esto requerirá mucha humildad y paciencia para que lo practiques. Sin embargo, la razón por la que las personas pueden mejorar sus vidas a través de la inteligencia social es que reconocen que no son las únicas personas que importan en este mundo. Donde quiera que vayas, tienes que trabajar con personas que tienen su propio conjunto de emociones, principios y valores.

. . .

Una vez que veas las cosas desde su perspectiva, puedes comenzar a comunicarte de manera que apele a tu forma única de expresión y acomode lo que es esencial para tu ser.

Si lo haces, harás que la gente confíe y se abra más a ti. Rompe sus barreras y les permite cooperar más contigo porque se sienten valorados y comprendidos.

Cuando te enfrentas a una persona que parece que no puedes entender. Debes reconocer eso también. No continúas ni te entrometes en la vida de otra persona ni le impones cosas, especialmente cuando no tienes una buena comprensión de la vida de esa persona.

Nunca está bien asumir que debido a que una persona no dice lo que piensa, está completamente de acuerdo con todo lo que dices y haces. Solo puedes tener una idea de lo que otros valoran y prefieren, pero tu comprensión nunca será suficiente para que decidas por ellos.

Cuando una persona es tan cerrada, no hay forma de que sepas completamente si estás en la misma página que él o ella. Esto puede ser bastante difícil, por supuesto. Pero nuevamente tenemos que volver a cómo se cría a esta persona y cómo se conecta a esta persona.

No necesariamente tienes que desenterrar el pasado de una persona o ponerla en una caja hecha de tu propio conjunto limitado de normas y puntos de vista del mundo. Todo lo que puedes hacer es tratar esta situación con aún más respeto y comprensión.

Para algunas personas, se necesita mucho más tiempo y confianza para abrirse a otras personas. Y también hay personas que no son capaces de abrirse por completo. Estas personas pueden dar mucho valor a su privacidad. Es posible que hayan tenido experiencias traumáticas en el pasado. O tal vez simplemente no ven como una prioridad revelarse a ti.

Es por eso que tampoco irrumpes en sus vidas y les pides que se abran a ti cuando no están dispuestos y listos. Hay ventajas para cada persona si es capaz de comunicar lo que le importa, pero esto no es algo que se deba forzar. De ninguna manera se abre ante ti la responsabilidad de ninguna persona. Si quieres conocer a alguien, tienes que ser paciente y dejar que lo haga a su propio ritmo.

Nunca es productivo culpar a alguien por no dejarte entrar libremente en sus vidas. Esto también es una señal de que no ves las cosas desde la perspectiva de la otra persona. Solo te estás ocupando de tus propias necesidades y requerimientos.

Lo que puedes hacer es crear una zona segura para que ellos puedan compartir cómodamente y de buena gana sus pensamientos y creencias internas contigo. Cuanto más suceda esto, más oportunidades tendrás en comprender mejor a la otra persona. Si esto nunca sucede con ellos, respétalo. Esa persona apreciará más si puedes dejarla con sus dispositivos preferidos. Esto demuestra que no priorizas tus necesidades ante los demás y que seas capaz de reconocer también sus valores. Quién sabe, esto puede incluso mostrarles que tú eres digno de su confianza y luego procederán a compartir más de sí mismos contigo.

Si la persona termina sufriendo por su incapacidad para comunicarse, recuerda que esa no es tu lección para aprender. Una buena persona desea cosas buenas para los demás.

Si no funciona para él, practica la bondad. Si funciona para él, deséale más felicidad y éxito. Pero nunca hagas de sus acciones tu responsabilidad.

Mirar todo desde la perspectiva de otra persona es un humilde reconocimiento de que no lo sabes todo y que no tienes el monopolio para saber automáticamente lo que es correcto para todos. Las personas socialmente inteligentes reconocen que, para participar bien en un entorno social, debes darte cuenta de que nunca dos personas pueden ser iguales. Trabaja en conocer a las personas y mirar la vida desde diferentes perspectivas.

9

Respetar Las Diferencias Culturales

COMO HEMOS DEDUCIDO de nuestro capítulo anterior, todos tenemos nuestro propio conjunto de experiencias que nos convirtieron en lo que somos hoy. Esa es precisamente la razón por la que todos tenemos diferencias que a veces chocan entre sí. La mayoría de las personas aprenden y adquieren habilidades a través de sus amigos, familiares y la comunidad que los rodea. Comprendiendo que la forma en que las personas responden y las costumbres que practican se ven muy afectadas por su crianza.

La base de nuestras creencias, valores, rituales y habilidades se formó en base a la cultura de las sociedades en las que crecimos. Nuestra cultura es lo que nos guía en el sistema social de la comunidad en la que nacimos.

Cada cultura tiene su propio conjunto de normas y formas de justicia basadas en su historia y necesidades.
Esto dicta las acciones, los rituales y los estándares que

seguimos para poder mantener la armonía dentro de las sociedades en las que vivimos. La cultura también nos proporciona un marco a seguir para que podamos entender mejor a los demás y trabajar bien con aquellos que pertenecen a la misma comunidad.

Cuando nos encontramos en una situación en la que el contexto de la cultura no nos es familiar, nos sentimos desequilibrados y no podemos navegar tan fácilmente como lo hacemos con aquellos que comparten las mismas prácticas culturales con nosotros.

Esta puede ser la reacción inicial que tengas cuando te pongan en esa posición, pero una mejor manera de verlo es verlo como una oportunidad para obtener un conocimiento valioso sobre el mundo, otras culturas y cómo tu propia cultura es percibida por los demás.

Todas las culturas tienen su propio idioma, tradiciones, creencias, vestimenta y leyes que organizan su sociedad.

Estas cosas son exclusivas de cada cultura y son indicativas de sus logros e historia. Algunas culturas incluso tardaron miles de años en establecerse.

La verdadera razón por la que estas culturas pudieron sobrevivir miles de años y se transmiten de generación en generación es que la sociedad reconoce que existe y la acepta porque la considera esencial para que sus sociedades prosperen.

¿Cómo se invalida algo que ha brindado plenitud y armonía a la vida de muchos durante tanto tiempo? Bueno, eso es algo con lo que todo el mundo sigue luchando. Y la razón principal detrás de esto es que a la gente le cuesta entender que manejar las relaciones interpersonales no requiere que invalides la cultura de los demás. De hecho, es mejor aceptar que la cultura de cada uno es valiosa y legítima en su sociedad, su vida y el mundo en que vivimos.

Lo que tenemos que hacer es superar los miedos que tenemos cuando nos enfrentamos a una cultura diferente a la nuestra. Nosotros solo podemos hacerlo reconociendo primero que hay muchas culturas que han surgido y prosperado en todo el mundo.

Tú mismo tienes tu propia cultura que sigues. No tiene que ser una cultura que se formó hace miles de años. Mira los dispositivos sociales que usas y los rituales, tradiciones y hábitos que sigues dentro de tu familia y la comunidad en la que creciste. Cada persona tiene un sistema de valores que se basa en cómo te criaste y el entorno en el que vives. Esto también puede considerarse una forma de cultura.

Ninguna cultura es más válida que otras. Decir que una cultura es menos válida devalúa a las personas que viven en la sociedad de la que proviene esa cultura. Y de la misma manera, ninguna persona debería verse obligada a borrar su cultura para adaptarse a la de otro. Esto se aplica a ti ya cualquier otra persona en el mundo.

Quitarle su cultura a una persona es una injusticia que destruye la autoestima y la imagen de sí misma de una persona. Le estás quitando su sentido de identidad y mostrándole que todo lo que ha aprendido hasta este punto no tiene ningún valor y, por lo tanto, debes adoptar un sentido de identidad diferente. Nadie sino la persona misma tiene derecho a decidir qué traerá paz y alegría a su vida.

Una vez que obtengas la comprensión y la confianza para enfrentar tu propia cultura y la cultura de los demás, puedes comenzar a abrirte a la oportunidad de aprender y aceptar las culturas de otras personas.

Tener una mentalidad incondicional y sin prejuicios es el primer requisito para comprender una cultura que no es la tuya. Explorar y aprender sobre la cultura requerirá tu total apertura, aprecio y respeto por los demás. Tienes que reconocer que estás tratando con asuntos que son valiosos para una persona y la sociedad a la que pertenece.

Así que las sociedades y las personas que les pertenecen están enraizadas en su cultura y tú también estás enraizado en tu propia cultura.

. . .

Aprender sobre los valores, las tradiciones y las creencias de los demás también es una forma de tener una comprensión más profunda de su propia cultura. Al observar cómo los demás manejan sus vidas en función de su cultura, puedes comparar y contrastar tu forma de vida con la de los demás.

Te das cuenta de qué tradiciones sociales, prioridades y rituales tienes en función de las similitudes y diferencias que encuentras con la otra persona.

A medida que obtienes una mejor comprensión de cómo se forman las culturas y lo que haces por las personas, encontrarás más razón y propósito en tu vida y en la vida de los demás también. Te das cuenta del significado y el pensamiento detrás de los sistemas de valores que existen dentro de las sociedades.

Con aceptación y comprensión, te será más fácil respetar la diversidad. Esto es muy difícil de lograr si solo ves las cosas desde tu perspectiva.

También se vuelve más fácil mantener una mente abierta a las complejidades de otras culturas una vez que te das cuenta de que la diversidad cultural conduce al crecimiento y la prosperidad.

El té es una parte de la cultura asiática que también pudo prosperar y ser aceptada en la cultura europea. Muchas de las cosas que disfrutamos hoy como los chocolates, las especias, las artes y el diseño fueron el resultado de los efectos del intercambio cultural y la globalización.

Cuando las nuevas ideas se aceptan sin prejuicios, pueden dar paso a nuevas soluciones y oportunidades. También allana el camino para nuevas alternativas y fuentes de conocimiento. Hay mucho de lo que beneficiarse aprendiendo y dando valor a la diversidad y el primer paso es permitirse abrir la mente a ella. Hay varias formas de familiarizarte con tu mente y sumergirte en aprender sobre la cultura de los demás.

Primero, participa y escucha activamente las conversaciones con personas que tienen una cultura diferente a la tuya.

Ingresa a las conversaciones con un corazón abierto y una mente abierta. Trata de encontrar la justificación y la apreciación de las diferencias que encuentres con ellos.

No busques activamente cosas con las que no estés de acuerdo. Si algo no te suena bien, trata de ponerte en el lugar de la otra persona y ver por qué te importa. No los juzgues en base a tu orientación.

La verdadera razón de tus diferencias con ellos es la recopilación de tradiciones, valores y experiencias que tienen dentro de la sociedad de la que provienen. Sé respetuoso y comprende que, aunque no estés de acuerdo con ellos, es importante para ellos y tu cultura. Siempre ofrece amabilidad y comprensión primero.

Dos, aprende más sobre la cultura de otros reuniendo información de varias fuentes. Mira las películas que hacen, escucha su música y lee sobre su cultura e historia. Su historia y las historias que son buenas fuentes de información sobre cómo y por qué se formó su sistema de valores.

Tú puedes hacer del aprendizaje una experiencia placentera. Mantenlo emocionante para que tú interés crezca a medida que te sumerges en esta experiencia cultural. Esto también es algo que se puede compartir fácilmente con otros y puede conducir a conversaciones significativas sobre la diversidad cultural de las que todos pueden aprender algo.

Es más fácil que nunca tener acceso a más material sobre la diversidad cultural gracias a Internet. Con el auge de las redes sociales, las personas de todo el mundo pueden conectarse a un ritmo más rápido y con mayor accesibilidad.

Recuerda siempre practicar ser sensible también. Si algo es muy importante para las creencias de alguien, no te burles de ello. Algunas culturas tienen tus propias prácticas religiosas y es importante ser consciente de estas cosas. Si no lo entiendes, no te burles de él y habla con demasiada libertad al respecto. Si deseas comprender sus costumbres y tradiciones, haz las preguntas correctas con respeto e investiga adecuadamente al respecto.

Si has recopilado información sobre sus creencias y prácticas, sé sensible acerca de cómo compartes tus aprendizajes con los demás. Esta es también una forma de respeto que debes dar a otras personas. Compartir información errónea y engañosa sobre su cultura es injusto y puede generar más tensiones en lugar de la comprensión.

Tres, viaja tanto como puedas. Los estudios han demostrado que las personas que viajan mucho y las personas que migran a otros países lejos del suyo tienden a ser más tolerantes y tienen habilidades de comunicación mejor desarrolladas que las que se quedan cerca de casa.

Viajar y mudarse a otro país te obliga a orientarte más con la cultura de los demás. Ser extranjero también requiere que aprendas el idioma, respetes las costumbres que son diferentes a las tuyas, sigas un sistema que es nuevo para ti, bases tus acciones en su marco existente y etiqueta social.

Todo lo cual será muy beneficioso para tu inteligencia social.

A medida que te sientes más cómodo en lugares distintos a tu ciudad natal, también te das cuenta de que no hay nada de qué asustarse cuando se trata de diversidad. También le das más significado y valor a tu propia cultura. En lugar de perder tu identidad, incluso la fortaleces.

Dar el paso para explorar la diversidad cultural requiere paciencia, amabilidad, comprensión y mucho corazón y esfuerzo. Puede parecer una tarea abrumadora al principio, pero solo debes recordar que no tienes nada que perder y mucho que ganar en este proceso.

Tu inteligencia social crece a medida que aceptas y comprendes el hecho de que todos están construidos de una manera diferente. Es contraproducente pedir a los demás que se ajusten a su orientación y normas.

Cuanto antes te des cuenta de esto, más tiempo tendrás para ti mismo para aprender y hacerlo mejor socialmente. Con más tiempo libre, más oportunidades de socialización tendrás y más oportunidades tendrás de modificar los malos hábitos de los que quieres deshacerte. También le permite controlar su propio ritmo y no sentirte abrumado con las muchas cosas de las que puedes aprender. Recuerda apreciar el viaje y evita presiones innecesarias que pueden llevarte a resentir este ejercicio.

10

Aprende A Resolver Conflictos

EL CONFLICTO ES inevitable en cualquier entorno social. Como se discutió anteriormente, las personas tienen diferentes puntos de vista, opiniones y sentimientos acerca de ciertas cosas. Estas diferencias están destinadas a crear conflictos y malentendidos.

Las disputas sociales pueden hacer o deshacer las relaciones. Pero si un conflicto se maneja de manera respetuosa y positiva, puede ser una forma de fortalecer los lazos y generar confianza en las relaciones. Debes perfeccionar tus habilidades de resolución de conflictos para mejorar aún más tu inteligencia social. Para hacer esto, primero debes tener una mejor comprensión de cómo funcionan los conflictos.

Algunas personas dicen que preferirían evitar los conflictos, pero ¿qué significa eso?

. . .

Nunca puedes encontrar a alguien que piense y sienta exactamente como tú lo haces el cien por ciento del tiempo.

Los conflictos surgirán de una forma u otra y cuando los conflictos no se enfrentan, no se resuelven solos. Las emociones que siente pueden desvanecerse temporalmente, pero dado que el problema nunca se resolvió, vuelve a surgir. Solo se necesita otro disparador y vuelves a sentir esos sentimientos.

Nuestras diferencias no crean automáticamente conflictos.

Las diferencias se convierten en un problema cuando una persona piensa y siente que sus valores, deseos, motivaciones e ideas se ven comprometidos en la relación. Cada persona tiene su propio conjunto de necesidades personales profundas que le son exclusivas. Los problemas pueden parecer triviales para otra persona y ahí es donde radica el problema.

He aquí un ejemplo de necesidades en conflicto: Los niños pequeños tienen un anhelo de aprender y explorar. Su curiosidad a veces puede llevarlos a situaciones inseguras como trepar por las ventanas o deambular por algún lugar sin sus padres.

Sin embargo, los padres están motivados para proteger a sus hijos y solo pueden hacerlo estableciendo reglas y limitaciones. Estas son necesidades opuestas y eventualmente conducen a conflictos.

Cuando surgen conflictos, la necesidad de una persona de sentirse segura, valorada y respetada y su necesidad de cercanía e intimidad se ven amenazadas. Si tales inquietudes no se abordan, pueden resultar en discusiones, distanciamiento y rupturas en las relaciones personales. En un ambiente de trabajo, esto puede resultar en una disminución de la productividad, malas transacciones y pérdida de oportunidades.

Las relaciones exitosas a largo plazo tienen que considerar las necesidades de cada persona. Si todas las partes deciden evaluar sus necesidades en conflicto con respeto y compasión, esto puede allanar el camino para relaciones de equipo más sólidas y soluciones creativas.

Debido a que las personas tienden a percibir los desacuerdos como una amenaza, es necesario abordarlos adecuadamente para que no conduzcan a fuertes emociones negativas.

Nuestras experiencias de vida, cultura y sistema de valores afectan nuestras percepciones de las cosas y la forma en que reaccionamos ante ellas.

Manejar las emociones que vienen con estas percepciones en momentos de estrés será difícil si la persona aún no lo domina. Puede ser imposible llegar a una resolución exitosa si esta fuera la situación.

. . .

Para que las personas aborden estas preocupaciones más fácilmente, deben ver los conflictos como una oportunidad de crecimiento más que como un campo de batalla. El miedo al conflicto puede sesgar su perspectiva de las cosas y desviar su atención de la solución y resolución de problemas.

Quitar este miedo es más desafiante para las personas que han estado traumatizando relaciones poco saludables y experiencias dolorosas de desacuerdos previos. Estas personas tienden a ver el conflicto como una situación aterradora, desmoralizadora o humillante.

Sentirte amenazado cada vez que enfrentas conflictos puede ser un problema. Es probable que respondas al conflicto cerrándote o expresando las cosas con parcialidad y, a veces, con ira. Esta no es una forma saludable de manejar y abordar los desacuerdos. Cuando el conflicto se enfrenta de una manera poco saludable, esto conducirá a la decepción y la incertidumbre. Puede causar resentimientos, relaciones irreparables y distanciamiento.

Un enfoque más sano de un conflicto requiere respeto y comprensión. Elegir ser respetuoso en la resolución de conflictos guiará las palabras y acciones de una persona durante una confrontación. Cuando respetas a la otra persona, haces el esfuerzo de estar tranquilo y no antagónico en su discurso y conducta.

. . .

La calma juega un papel importante en la comunicación y en mantener la conversación organizada. Mantener la calma durante la resolución de conflictos requiere paciencia.

Es fácil perder la calma cuando se está demasiado ansioso por transmitir su versión de las cosas y mientras la otra persona expresa sus pensamientos. Si realmente respetas a tu compañero, serás paciente en este proceso y no priorizarás tus propios sentimientos y pensamientos porque también valoras a la otra persona.

Ser no conflictivo significa que participas apropiadamente en el proceso, prestas atención a la otra persona, practicas la escucha activa y evitas estar a la defensiva. Cuando respetas el tiempo, el esfuerzo y las necesidades de alguien, te esfuerzas por escucharlos adecuadamente.

Si no tienes la intención de escuchar a la otra persona, lo más respetuoso que puedes hacer es ser claro al respecto y no engañarla para que piense que estás aquí para intercambiar pensamientos. No solo finjas escuchar.

Desafortunadamente, si no consideras el lado de la otra persona, es muy probable que su resolución sea incompleta y eventualmente surja otro conflicto.

Ahora hablemos de ser comprensivo. Comprender a alguien requiere compasión y atención. La compasión a veces se confunde con ser condescendiente y condescendiente. Ser compasivo no significa ver a la otra persona como alguien inferior a ti. No significa que la otra persona sea lamentable o incapaz.

Mostrar compasión significa que puedes reconocer las dificultades de la persona. Cuando eres compasivo, acompañas a esa persona a lo largo de sus dificultades respondiendo con base en las emociones y pensamientos que le provoca su situación.

En la resolución de conflictos, esto significa que tú reconoces que las necesidades de esta persona también están en juego y tu participación se basa en un esfuerzo por tratar de equilibrar sus necesidades con las tuyas. Esto te permite dejar de lado tus prejuicios y también estar más atento a tus necesidades. Ser compasivo no significa que le des más prioridad a las preocupaciones de la otra persona.

Solo significa que consideras por qué esto también es un desafío para la otra persona.

Cuando te comprometes a abordar estos conflictos de una manera saludable, la base de tu resolución es sólida y puedes navegar a través de ella con más éxito.

Ha llegado el momento de que tomes nota de tus habilidades. El éxito de tu resolución dependerá de tus habilidades.

. . .

La capacidad de manejar el estrés: el estrés puede afectar tus percepciones y tu comunicación. Resolver conflictos puede ser estresante porque estás considerando no solo tus problemas sino también a tus compañeros. Si puedes mantener la calma y la compostura bajo presión, tu comunicación será más clara y podrás escuchar y comprender a la otra persona con mayor precisión.

La capacidad de controlar tus emociones - Tienes que entender tus propias necesidades para poder comunicarlas con claridad.

Si eres consciente de tus emociones, te resultará más fácil identificar qué es exactamente lo que te está molestando. No te vuelves loco y lanzas temas innecesarios e irrelevantes. Reconoce tu estado emocional y las causas de estos fuertes sentimientos.

Esto te permitirá controlar tus emociones y concentrarte en lo que realmente importa. No dejes que tus emociones te controlen. Debes poder comunicar tus problemas sin recurrir a amenazas, intimidación y represalias.

La capacidad de escuchar - Aquí es donde deberías poder practicar la escucha activa. Se vuelve más difícil practicar la escucha activa si estás estresado y si tienes muchos sentimientos fuertes sobre la situación. Sin embargo, tu comprensión del cuadro completo depende en gran medida de cómo interpretas y comprendes el lado de la otra persona.

La capacidad de evaluar las diferencias de manera justa -

Tus diferencias con tus compañeros van en ambos sentidos. Recuerda ver las cosas de manera justa y respetar las necesidades de la otra parte. La cantidad de respeto que esperas debe ser igual a la cantidad de respeto que das.

Toma nota de qué nivel de estas habilidades tienes al observar tus experiencias previas con la resolución de conflictos. Evalúa sus carencias y cuáles son las causas.

La próxima vez que tengas la necesidad de resolver conflictos nuevamente, recuerda estas habilidades y observa si hay cosas que te resultan más difíciles que otras.

ALGUNOS CONSEJOS PARA LA RESOLUCIÓN DE CONFLICTOS

Lo primero que debes recordar acerca de la resolución de conflictos es que el objetivo no es ganar o tener la razón. El objetivo es fortalecer y mantener las relaciones. Tú estás discutiendo para no discutir, estás discutiendo para resolver tus problemas y los de tus compañeros.

. . .

Ir a tu ritmo. La resolución de conflictos requiere tiempo y energía. Prioriza y enfócate en el presente. A veces tienes múltiples problemas que quieres resolver. Cuando esto suceda, primero organiza tus pensamientos y controla tus emociones. Pregúntate si todos ellos realmente importan hoy.

No dejes que los conflictos anteriores se enreden con el presente. Solo le resultará más difícil comunicarte con claridad y evaluar tus problemas y los de tus compañeros con precisión si sigues sacando a relucir problemas que sucedieron en el pasado. Guardar rencores y echar culpas solo desordenará tu mente y pondrá a prueba tus emociones.

Escoge tus batallas. Algunos conflictos no valen tu tiempo y energía para resolverlos. Si ves el comentario de un extraño en internet que está en contra de tus creencias, primero piensa en cuánto te importa y si vale la pena tu tiempo y energía para discutir las cosas con este extraño.

De acuerdo en desacuerdo. A veces simplemente no se puede llegar a un acuerdo. Reconocer cuando las cosas no van a ninguna parte. Déjate llevar y sigue adelante. Tienes que saber cuándo parar y no tienes que tener la última palabra.

No dejes que los argumentos sin sentido te agoten. Todo lo que hacen es hacerte enojar y resentirte.

. . .

La resolución de conflictos debe ser vista como caso por caso. Ningún desacuerdo puede abordarse de la misma manera. No hay fórmula para ello. Tienes que abordarlo con paciencia y diligencia.

Aunque no existe una fórmula para la resolución de conflictos, puede equiparse con las habilidades y el marco que discutimos en este capítulo. Trata tus desacuerdos con comprensión y respeta el resultado de su resolución.

Si realmente deseas aprovechar tu inteligencia social, entonces aborda la resolución de conflictos con respeto y objetividad.

11

Trabaja En Aumentar Tu Inteligencia Emocional

LA INTELIGENCIA emocional (IE) se trata de la capacidad de una persona para reconocer, evaluar y tomar control de tus emociones. Es similar a la inteligencia social en que requiere que evalúes e intérpretes conceptos basados en ti mismo y en los demás. Sin embargo, la inteligencia emocional está más enfocada a poder empatizar y valorar las cosas en base a las emociones.

Los estudios han llevado a los investigadores a asignar cuatro niveles diferentes de IE. Estos niveles son la percepción emocional, la capacidad de razonar a partir de las emociones, la capacidad de comprender las emociones y la capacidad de gestionar las emociones.

Estos cuatro aspectos de la inteligencia emocional están ordenados por complejidades relacionadas con los procesos que van de la mano con ellos.

Los niveles más básicos involucran percibir y expresar

emociones y los niveles más altos requieren una participación y regulación más conscientes.

La percepción emocional significa que debe tener la capacidad de percibir con precisión las emociones. Esto implica ser capaz de leer en el lenguaje no verbal y las expresiones faciales.

A través de la percepción emocional, reconoces tus sentimientos y los identificas. Conoces las diferencias entre estar feliz, triste y enojado y asignas esas etiquetas a ciertos cómo se sienten.

A continuación, la capacidad de razonar utilizando las emociones significa que una persona puede utilizar los sentimientos para estimular los pensamientos y la actividad cognitiva. El foco de tus reacciones y aquello a lo que presta atención pueden estar motivados por emociones. La razón por la que los robots no se consideran emocionalmente inteligentes es que todas tus acciones y respuestas se basan en comandos y lógica. Los robots no podrán ajustar sus respuestas dependiendo de las emociones porque simplemente no tienen sentimientos.

En tercer lugar, la capacidad de comprender las emociones permite a las personas asignar significados a las emociones. Si una persona muestra expresiones de tristeza, la interpretación es que la persona está triste y que hay razones para su tristeza.

. . .

Por ejemplo, si encuentras a tu cónyuge llorando en silencio en el dormitorio, esto te llevará a pensar que algo debe haber sucedido que le molestó. Puede ser porque has dicho o hecho algo que fue ofensivo para tu pareja. Tal vez tu cónyuge esté teniendo problemas en el trabajo o con sus hijos.

Por último, el nivel más alto de inteligencia emocional es ser capaz de gestionar las emociones de forma eficaz. Es vital tener la capacidad de regular las emociones y responder adecuadamente a las emociones de otras personas. Tienes que ser capaz de separar tus pensamientos y sentimientos.

No crees que estás enojado. Sientes que estás enojado. No sientes que las computadoras portátiles son mejor que las computadoras de escritorio. Crees que las computadoras portátiles son mejores que las computadoras de escritorio.

En inteligencia emocional, poder sentir connota emociones y poder pensar implica pensamientos racionales. Tienes que identificarte entre los dos para que sepas si tienes que manejar tus emociones o ajustar tus pensamientos antes de decidir una acción.

La inteligencia emocional tiene un gran impacto en la inteligencia social porque las capacidades asociadas con ella influirán en gran medida en la forma en que participas en un entorno social. Imagina no poder saber cómo se siente tu amigo cuando estás conversando con él. Si tu amigo mantiene una cara seria y una voz monótona todo el tiempo que estás con él. Eso es exactamente lo que pasa cuando no eres capaz de identificar emociones y respuestas emocionales.

Estas son algunas formas en que la inteligencia emocional influye en la inteligencia social:

MAYOR AUTOCONOCIMIENTO

Un factor clave para tener autoconciencia es poder considerar las cosas que afectan las emociones. Esto te permite comprender y manejar mejor tus propios sentimientos.

Cuando estás hablando con tu jefe sobre la carga de trabajo y el cronograma de tus fechas límite, comienzas a notar que tu jefe se está poniendo antagonizado mientras habla.

Recuerdas este encuentro y empiezas a darte cuenta de que te estabas comportando de acuerdo con las emociones de frustración y miedo. Mientras le explicabas tu situación, aparentemente empezaste a levantar la voz y tu rostro comenzó a mostrar ira. Tus palabras empezaron a sonar como si lo estuvieras culpando.

. . .

Estas acciones fueron desencadenadas por emociones fuertes. Si no eres consciente de cómo hablas y cómo te comportas en función de las emociones que tienes, puedes dar lugar a malentendidos y resoluciones de conflictos mal manejadas.

PENSAR ANTES DE REACCIONAR

Reconocer que las emociones son temporales permite que las personas emocionalmente inteligentes no se dejen dominar por ellas. Tomarte el tiempo para regular tus emociones antes de reaccionar ante una situación altamente emocional te permitirá calmarte y abordar las cosas de manera racional y más precisa.

Cuando experimentas fuertes sentimientos de ira, recurres a acciones destinadas a atacar o tomar represalias. Empiezas a culpar, amenazar a las personas y buscar formas de castigar las ofensas que perciben hacia ti.

Además, la ira tiende a apoderarse de tu percepción de las cosas y de tu capacidad para expresar sentimientos. Cuando estás enojado, tiendes a concentrarte en los sentimientos de ser atacado y cualquier cosa que la otra persona diga puede sonarte ofensivo e inadecuado.

· · ·

Cuando tienes una fuerte motivación para expresar tu ira, también se convierte en un desafío ser claro en tus declaraciones.

Por ejemplo, estás enojado porque tu pareja se olvidó de tu cumpleaños y un trato en el que estabas trabajando duro para cerrarlo no se llevó a cabo. Esta será una combinación de dos cosas estresantes que pueden empujarlo a sentir ira.

Empiezas a gritarle a tu pareja y dices palabras que no quieres decir. Esto sucede y provoca consecuencias aún más estresantes.

Lo que podrías haber hecho era separar tus sentimientos entre las dos situaciones. Una vez que comiences a manejar estos sentimientos, piensa claramente en lo que realmente quieres. La ira es temporal y es una emoción que puede provenir de la frustración.

Tal vez solo quieras que tu pareja te diga que lo sientes. Tal vez querías pasar tiempo con esa persona, pero no fue así.

Manejar tus sentimientos te puede permitir expresar estas necesidades con mayor claridad y cuando tienes claras tus intenciones, a la otra persona le resulta más fácil abordar sus necesidades.

. . .

EMPATIZAR CON LOS DEMÁS

Empatizar con cómo se sienten los demás es una gran parte de la inteligencia emocional. Las personas que son emocionalmente inteligentes consideran las perspectivas, las emociones y las experiencias de los demás como la base de las acciones de otras personas. Es por eso que es útil verse en los zapatos de los demás para poder empatizar con ellos.

Mirar las cosas racionalmente no siempre es suficiente, especialmente en un entorno social. Ser capaz de considerar tanto la razón como la emoción es más eficaz en la construcción de fuertes relaciones interpersonales. Las personas operan en diferentes niveles y cuanto más consciente seas de esto, más fácil te resultará identificar el mejor enfoque.

Este es un problema común en el lugar de trabajo.

La gente trata de ser lo más profesional posible cuando están en la oficina. Tu enfoque es sobre la productividad y la eficiencia.

A veces, las personas se sienten abrumadas por las presiones de las transacciones. Las personas se frustran, se enojan y no son apreciadas, pero debido a que se concentran demasiado en el trabajo, no reconocen cómo esto ya ha desencadenado emociones fuertes en ellas.

· · ·

Esto crea conflictos que solo pueden resolverse si lo abordas desde un punto de vista emocional. Si una persona se siente insatisfecha y subestimada, tal vez todo lo que esa persona necesita es una palmadita en la espalda.

También hay conflictos que parecen abordarse de manera racional, pero que en realidad también implican un enfoque emocional. Por ejemplo, alguien se olvida de enviar un correo electrónico a un cliente. Esa persona lo resolvió y el cliente quedó satisfecho con las acciones realizadas.

Desde un punto de vista racional, el trabajo se hizo con eficacia y al cliente no le importó el error. Pero, los otros compañeros de trabajo involucrados todavía se sienten mal por el problema. ¿Qué es lo que falta?

En primer lugar, la persona debe disculparse por su error. En segundo lugar, también debe aliviar las frustraciones de sus compañeros de trabajo. Para hacer ambas cosas, nece-sitas comprender cómo funcionan las emociones.

Aunque parece ser una característica innata, los investigadores proponen que es posible aprender y perfec-cionar la inteligencia emocional.

Aprovechar tu inteligencia emocional también te permite tomar las críticas con objetividad. Sé responsable de tus acciones, comunica tus sentimientos más claramente, responde y presta mejor atención a los demás. También te permite considerar a todas las partes durante la resolución de problemas y tomar decisiones claras y precisas por ti mismo.

Hay pasos que puedes seguir para perfeccionar tu inteligencia emocional.

1. *EMPATIZAR*

Entiende el punto de vista de otra persona poniéndote en su lugar. Piensa en cómo te sentirías cuando te pusieran en la situación de la persona. Cuando te identificas con los demás, entiendes las cosas desde un punto de vista emocional.

Reconoces los matices de su discurso y acciones y eres capaz de asignar qué tipos de emociones están influyendo en tus reacciones.

Las emociones también tienen sus patrones y una vez que llegas a ver estos patrones, te resulta más fácil reconocer lo que le está sucediendo a una persona emocionalmente.

Algunas personas tienden a morderse las uñas cuando están preocupadas. Hay personas que empiezan a hablar demasiado cuando están nerviosas. Hay personas cuya primera reacción levanta la voz cuando están frustradas. Estos patrones dependen de una persona, pero también pueden ser comunes a otras.

Cuando estás tan acostumbrado a leer estas señales, la empatía se vuelve instintiva para ti y cuanto más practiques la empatía, más fuerte será tu inteligencia emocional.

2. *ESCUCHAR*

Presta atención a los demás y escucha con sinceridad. Toma nota de sus señales no verbales también. El lenguaje corporal es difícil de fingir, por lo que ser capaz de interpretar el lenguaje no verbal puede ser útil para comprender a los demás.

Escuchar también es una herramienta muy importante en la empatía. Cuando eres capaz de acomodarte a los puntos de vista de otra persona, te das cuenta de cómo puedes empatizar con él más fácilmente. Considera diferentes factores que contribuyen a las emociones de esa persona.

Cuando dice que está solo, puedes empatizar mejor con este sentimiento suyo. Empiezas a entender por qué sigue intentando buscar compañía todo el tiempo. Te das cuenta de por qué no has dormido lo suficiente últimamente. Recibes explicaciones sobre las emociones y acciones que quieres entender.

. . .

3. *INTROSPECTIVA*

Observa cómo tus emociones influyen en tu conducta y tus reacciones. Considera también cómo las emociones de los demás afectan tus respuestas cuando se encuentran en la misma situación que la suya. Esto requiere la capacidad de razonar con tus emociones. Entender qué roles juegan las emociones en tu toma de decisiones y comportamiento, así como en los de los demás.

Aquí hay algunas preguntas más para guiarte a través de la introspección:

¿Qué efectos tienen tus emociones en tu interpretación de los eventos y las interacciones sociales?

¿Tus emociones son estables y consistentes?

¿Qué tan rápido pasas de una emoción a otra? También toma nota de los niveles de las emociones que tienes.

¿Eres capaz de identificar los desencadenantes de tus emociones?

¿Experimentas emociones fuertes cuando estás solo?

. . .

¿Tus emociones se manifiestan fisiológicamente?

Por ejemplo, ¿experimentas dolores de estómago cuando estás preocupado o triste? Puedes utilizarlos como pistas para poder identificar tus sentimientos con mayor precisión.

¿Coincide tu lenguaje corporal con tus emociones?

¿Tus sentimientos te llevan a expresiones fuertes que te afectan a ti y a los demás?

¿Cómo impacta a los demás? Cuando está enojado, ¿tienes tendencia a proyectar estos sentimientos en los demás?

Permitirte algo de tiempo para evaluar tus emociones puede ser una experiencia de aprendizaje que afectará en gran medida tu percepción de la vida y tu capacidad para fomentar relaciones más significativas.

Si tienes dificultades para conocerte a ti mismo en términos de tus emociones, intenta comunicarte con amigos y familiares. Lee más sobre esto y haz un esfuerzo consciente para evaluarte a ti mismo.

Tener una fuerte inteligencia emocional también le permitirá elegir sabiamente las interacciones. Cuando una persona te enoja o te frustra, encuentra sus factores desencadenantes. Si los factores desencadenantes provienen del comportamiento de esa persona y no encuentra la forma de resolverlo con él, es posible que no valga la pena dedicarle tiempo y energía.

Existe tal cosa como una relación emocionalmente agotadora. Por lo general, esto involucra a una persona que se considera un vampiro emocional.

¿Alguna vez has tenido una interacción con alguien y después te sentiste completamente agotado? Esa persona podría ser un vampiro emocional.

Una profesora de la clínica asistente de psiquiatría en UCLA y escribió sobre vampiros emocionales en su libro donde nos habla sobre la libertad emocional. Un vampiro emocional se alimenta de la energía emocional de otras personas y hay varios tipos de ella.

EL NARCISISTA

Estas personas se dan demasiada importancia a sí mismas.

Acaparan la atención y los motiva grandes dosis de admiración. Pueden ser elocuentes e inteligentes, por eso atraen a la gente.

. . .

Complacer a alguien por sus buenas cualidades no es algo terrible. Lo que tienes que hacer es encontrar una manera de satisfacer su necesidad de validación mientras tratas de participar también en la conversación. Si tus métodos no funcionan, sal con gracia.

LA VÍCTIMA

Hay personas que siempre encuentran la forma de hacerse pasar por la víctima y piensan que el mundo siempre está en su contra. Se ahogan en la autocompasión y exigen ser rescatados o excusados.

Debes reconocer que no tienes que ser parte de su narrativa si realmente no te involucra. No te engañes pensando que puedes salvarlo. Al final del día, es imposible salvar a alguien que se siente cómodo con los problemas.

EL CONTROLADOR

Tienden a ser farisaicos y parecen tener una opinión, sobre todo. Intentan emitir juicios y hacer que parezca que son la autoridad sobre lo que está bien y lo que está mal.

Cuando te encuentres con personas así, atiende tus necesidades, pero aprende cuándo parar. Es difícil ser efectivo con gente así. No se pueden administrar, por lo que debe estar de acuerdo en no estar de acuerdo y encontrar métodos que le permitan evitar interactuar con ellos.

. . .

EL CRITICADOR

Al igual que el controlador, se ven a sí mismos como la autoridad. Sin embargo, un crítico te hará sentir avergonzado e incompetente. Hacen esto para levantar su ego.

No tomes lo que dice como algo personal y habla solo cuando sea necesario. Tomar las cosas personalmente sólo te pondrá a la defensiva y solo creará un círculo vicioso. Esta persona tiene hambre de validación. Aprecia su útil perspicacia, pero reconoce cuando hayas tenido suficiente.

EL DIVISOR

Lo impulsan emociones fuertes. Un día es tan bueno contigo y luego se vuelve despiadado contigo una vez que se siente ofendido incluso por lo más mínimo. Es como una bomba de relojería vestida con gemas.

Tienes que establecer tus límites cuando tratas con una persona así. Sé objetivo en tus acciones y no te dejes atrapar por su vórtice. Sé consciente de quién eres y niégate a tomar partido.

. . .

Te resultará más fácil identificar a los vampiros emocionales una vez que hayas perfeccionado tu inteligencia emocional.

Sé consciente de ti mismo y ten cuidado de no convertirte también en un vampiro emocional. Lo más probable es que las personas encuentren una manera de evitarte si comienzan a notar que las interacciones contigo también se están agotando sin una buena razón.

Ser social y emocionalmente inteligente no significa que tengas que estar bien con todo el mundo. Hay personas que te van a tensar emocionalmente y tienes que ser consciente de ello. Esto afectará la forma en que te desempeñas en el trabajo, la forma en que manejas tu energía social y la forma en que ves las relaciones.

La inteligencia emocional y social simplemente puede brindarte las herramientas para comprender y administrar mejor tus interacciones sociales. No estás obligado a alimentar el ego de nadie más si ya consumes demasiado de ti. La empatía no significa que tengas que rescatar a la gente. Empatizar con las personas solo significa que eres capaz de ver el razonamiento de la otra persona influenciado por tus emociones.

Ten cuidado con tu resistencia social. Las personas que tienen una IE más alta tienden a consumirse porque aprovechan fácilmente las emociones de otras personas. Recuerda que sigues siendo tu propia persona y tus problemas están separados de los demás.

No te involucres en los problemas de los demás, pero haz ajustes en la forma en que conduces tus interacciones con ellos según el estado emocional de esa persona.

12

Aprecia A Las Personas Importantes En Tu Vida

ADQUIRIR inteligencia social implica interactuar con diferentes personas. Haces un esfuerzo por tratar de fomentar las relaciones, pero no puedes esperar tener el mismo nivel de relación con todas las personas con las que interactúas. Es importante que puedas invertir en relaciones profundas con personas que consideres significativas para ti.

Pero, ¿cómo encuentras significado en las relaciones?

Es fácil ver nuestras interacciones con las personas como meras transacciones. Te encuentras con un mesero, le pides, te sirve, terminas tu comida y luego sales por la puerta. La interacción se basa completamente en el hecho de que querías comer y el mesero estaba haciendo su trabajo. Necesitaba la venta de ti y tú necesitabas el producto de él.

· · ·

Pero, ¿y si cambiamos algunas cosas en esta interacción? Te sientas y luego te entrega el menú.

Miras su etiqueta con el nombre y le dices: "Buenos días, Jorge. ¿Cómo estás hoy?". a medida que avanzas por las opciones del menú.

El camarero responde: "Oh, mi mañana ha sido genial hasta ahora, ¿y tú?" Se procede a tener una charla muy breve con él y luego te entrega tu pedido. Después de comer, le dices que comiste muy bien, le das las gracias y le dices que tenga un buen día.

Haces esto al menos cada dos días con esta persona.

Después de algunas semanas, has comenzado a sentir una conexión con esta persona. Ya no es únicamente el camarero del café.

Ahora es Jorge. Vive a pocas cuadras del café. Es un trabajador a tiempo parcial que estudia en la universidad cercana. Una vez que Jorge finalmente deje su trabajo, de alguna manera será un cambio significativo en tu vida y tendrás que reconfigurarte cuando alguien lo reemplace.

Jorge ahora tiene algo de valor en tu vida. Es porque has reconocido su presencia, fue escuchado, fue visto, tenía un nombre. Y él hizo lo mismo por ti. Esta es una persona que ahora juega un papel en tu vida. Incluso si es un papel pequeño, ha establecido una relación más significativa contigo.

Es fácil preocuparse tanto por nuestras vidas que terminamos sin reconocer a las personas con las que interactuamos. Nos olvidamos de hacer que la gente importe. El primer requisito de la inteligencia social es que veas a las personas por lo que son. Esto incluye su identidad, sus sentimientos y sus acciones. Cuando solo observamos su función en nuestras transacciones diarias, es imposible tener una relación significativa con ellos.

Cuando no hay sentido en las cosas que hacemos, no estamos satisfechos y terminamos infelices. Una forma de encontrarle sentido a la vida es sentir que realmente perteneces. Los psicólogos dicen que esto se debe a que satisface dos condiciones en la vida de alguien. Uno es estar en una relación que se basa en el cuidado mutuo. Debido a esto, sientes que estás validado. Te tratan como si importaras, por lo que sientes que realmente importas.

Dos, porque eres capaz de disfrutar de momentos de alegría y diversión de manera constante con una persona.

La interacción entre el cliente y Jorge les ha dado un sentido de pertenencia a ambos porque a menudo participan en interacciones agradables. Esta es una manera de hacerte querer a alguien. Es por eso que cuando ves a un niño lindo, quieres que ambos disfruten de la presencia del otro. Tú haces un esfuerzo por hacerte querer por el niño pequeño. Haces bromas, actúas de forma tonta y encuentras la manera de hacerlo divertido.

Un sentido de pertenencia no es automático en las relaciones. Esto requiere un esfuerzo constante de ambas partes. Esto viene en muchas formas. Por ejemplo, cuando estás en un camino largo de viaje con tu amigo, la persona sentada en el asiento del pasajero hace todo lo posible por no quedarse dormido.

Este es un esfuerzo que está haciendo porque no quiere que te sientas solo en la tarea de conducir.

Otro ejemplo es cuando estás viendo una película con tu pareja, ofreces un gesto para reconocer a tu otra mitad.

Puedes iniciar tomarte de la mano o intentar apoyarte más en tu pareja. Cuando tu pareja responde de acuerdo a las señales que envías, te sientes validado y el vínculo crece. Hiciste una manera de compartir un momento con esta persona y fue aceptada.

Si estos pequeños gestos son capaces de satisfacer el sentido de pertenencia de una persona, es fácil hacer que una persona se sienta no deseada también.

. . .

¿Cómo funciona esto? Digamos que le preguntas a la señora de la recepción de tu oficina si recibieron un paquete para ti. Mientras te entrega el paquete, te dice que tus hijos van a la misma guardería. Solo la miraste e ignoraste su comentario. Tú te centraste únicamente en la transacción y simplemente no se dio cuenta de su esfuerzo. Luego, esta dama se siente rechazada. No pudo establecer ninguna conexión con ella porque simplemente la vio como una variable en una transacción.

Uno pensaría que esto solo afecta a la dama. Sin embargo, los psicólogos han encontrado que cuando alguien es rechazado, el rechazador también se aliena a sí mismo y se sentirá insignificante después del encuentro. Cada vez que pasa por la recepción, una parte de ti también puede sentir esta alienación y sentirá la necesidad de evitarla. Esto se debe a que el vínculo que la dama quería ofrecerle ha sido despedido.

Pero no tiene que terminar ahí. Si realmente hace un esfuerzo por arreglar las cosas entre ustedes dos, es posible que vuelva a tener la oportunidad de generar confianza.

Pero esta vez, la oferta de confianza tendrá que venir de ti.

Lo que puedes hacer por la dama es empezar una interacción con ella una vez más. Esta vez, ofreces bondad. Empiezas a saludarla con una sonrisa cada vez que llegas a la oficina. La llamas por su nombre y le agradeces cuando solicitas su ayuda. Pero no olvides confirmar que sí, tus hijos van a la misma guardería. No tiene que ser un gran gesto, pero tiene que ser coherente y sincero.

. . .

No está garantizado que podamos tener los mismos intercambios en todas las interacciones en las que participamos. Pero ser conscientes de cómo funciona esto nos permite elegir corresponder y comprender a los demás cuando nos sentimos rechazados. Dado que existe una conciencia sobre cómo hacemos sentir a los demás y cómo nos beneficiamos todos del proceso, ahora es más fácil para ti dar los pasos necesarios para construir relaciones más significativas.

Para guiarte aún más en el viaje de elegir a las personas que valoras en tu vida, aquí hay algunas cosas en las que puedes basar tus puntos de vista para ayudarte a apreciar más a las personas.

1. *TODOS ESTÁN HACIENDO LO MEJOR QUE PUEDEN*

La gente siempre intentará hacer las cosas con las mejores intenciones. Nadie quiere estropear las cosas en su vida.

Ya sea su estilo de vida o sus relaciones. Todos tenemos diferentes recursos para las herramientas que usamos para abordar nuestros problemas. Puede ser nuestra crianza, nuestros traumas, nuestros miedos, etc. Confiamos en nuestra orientación cuando decidimos las acciones que tomamos.

. . .

Reconocer que la forma en que una persona actúa es lo correcto para ella y no tiene la intención de decepcionar a nadie. Este es su mejor yo. Pueden mejorar y tomar mejores decisiones en el futuro.

Pero por ahora, esto es lo que pueden hacer con los recursos que tienen.

A veces, lo que ves de alguien es el estado en el que se encuentra y no su carácter como persona. Las personas pasan por diferentes cosas en la vida y estas a veces pueden tener un impacto en su desempeño.

Aquí hay una situación para ti. Así que estás trabajando en un proyecto con un colega y él está de mal humor y simplemente no le estaba yendo bien en esta tarea contigo. Es fácil frustrarse en una situación como esta. Pero, ¿y si tratas de averiguar qué está pasando con él primero?

Habla con el chico y cuéntale tus preocupaciones con amabilidad. Él te dice que su hija está en el hospital y le ha estado afectando. El estrés puede afectar a una persona de varias maneras. Tal vez no estaba durmiendo bien, tal vez tuvo problemas fisiológicos debido a esto. Hay muchas cosas que pueden suceder cuando una persona se encuentra en una situación difícil.

· · ·

Cuando te enteras de esto, intentas consolarlo y le dices que tome un descanso. Al día siguiente, tu compañero llega al trabajo y te dice que su hija se ha recuperado. Ves el alivio en su rostro y todo su comportamiento ha cambiado. Se desempeñó mucho mejor y progresó mucho en su proyecto.

Tu decisión de confiar en que tal vez esta persona solo estaba en un estado difícil resultó correcta. Podrías haberte enojado y podría haber resultado diferente. Podrías haber agregado más tensión a la situación y causar un daño irreparable a tu relación.

Lo que le pasó a tu compañero de trabajo le puede pasar a cualquier persona. Intenta tener un poco de fe en más personas y podrías verlos brillar al día siguiente.

2. *PERSONAS DIFERENTES, DIFERENTES ESTÁNDARES*

Tus estándares no son los mismos que los de los demás.

Cuando eres demasiado rígido con lo que crees que es correcto, puede ser frustrante para ti si otra persona no comparte los mismos puntos de vista que tú. Las personas pueden tener diferentes métodos y perspectivas sobre las cosas y lo que funciona para ti puede no funcionar para otros. Si nuevamente observas las acciones de los demás y tienes fe en que están haciendo lo mejor que pueden, entonces tus estándares no deberían aplicarse a ellos.

. . .

Al estar demasiado obsesionado con tu idea de la forma correcta de hacer las cosas, no llegas a ver lo bueno en la forma de actuar de los demás. No aprendes y no muestras aprecio a quienes lo merecen.

Esto no quiere decir que no debas dar consejos o sugerencias. Siempre puedes tratar de comprometerte. Lo que no debes hacer es validar el trabajo de otros en base a los estándares que estableces.

Si tu enfoque es desconfiar de una persona y asumir las cosas por delante de sus acciones, solo pierdes una apuesta contra ti mismo. Estás poniendo tensión donde no la hay.

La versión más simple de esto es cuando las personas pronuncian las cosas de manera diferente. Corriges a alguien y te enfadas cada vez que ellos lo hacen mal. Y luego viajas a un lugar donde todo el mundo lo dice de la forma en que lo hace esa persona. ¿No te sentirías avergonzado por esto? No pierdas la oportunidad de ver el bien en las personas. Solo te estás decepcionando a ti mismo.

3. *LA MADUREZ LLEGA A DIFERENTES RITMOS*

La madurez viene en diferentes formas y a diferentes ritmos.

. . .

¿Alguna vez has conocido a una persona y la has tomado por bastante inmadura?

Las personas pueden madurar en la vida, la carrera y las relaciones. Las lecciones que obtenemos en la vida dependen de las experiencias que tomamos. Hoy en día, las personas comienzan a formar sus familias a una edad más avanzada en comparación con las de las generaciones anteriores. Solían casarse a los 20 años, mientras que hoy en día la gente prefiere casarse a los 30 o 40 años.

Nuestros valores nos llevan a nuestros viajes preferidos.

Si priorizas tu carrera, entonces construyes tu carrera primero. Si valoras las relaciones, te resultará más fácil priorizar a tus seres queridos por encima de tu carrera.

Si la mujer de carrera se encuentra con un hombre que quiere construir una familia pronto, seguramente tendrán necesidades conflictivas. El hombre puede decir que la mujer no es lo suficientemente madura para él. Y la mujer también puede decir lo mismo de él. Pero la verdad es que sus vencimientos están en lugares diferentes.

Si solo ves la madurez en la forma que prefieres y el tiempo que estableces, te decepcionarás en mucha gente. Pero si tratas de ver lo que una persona busca en la vida y ves cómo valoran las cosas, entonces tal vez puedas llegar a conocerlos por lo que realmente son.

Cuando encuentres personas que aprecias y que se han vuelto importantes en tu vida, haz cosas para reconocerlos.

Toda persona quiere sentirse aceptada y vista por las personas que valora también.

Al mostrar tu aprecio por aquellos que hacen cosas que admiras, los acerca a ti y los motiva a seguir haciendo cosas en las que son buenos.

No muchas personas lo admitirán o quizás no lo sepan, pero recibir cumplidos y agradecimientos hace que las personas se sientan dignas y realizadas.

Mostrar aprecio no siempre tiene que ser un gran gesto. A veces, prepararnos para hacer gestos impresionantes es lo que nos aleja de hacer el movimiento real. Recuerda que se trata de la persona que aprecias. Es contraproducente poner tu ego en mostrarle a alguien que lo admiras.

Aquí hay formas simples de mostrarle a la gente que los aprecias:

1. Llámalos por su nombre. Cuando llamas a las personas por su nombre, hace que las personas se sientan reconocidas. En lugar de simplemente decir "Hola", incluir el nombre de la persona hace una gran diferencia.

. . .

2. Cuando sales de la oficina a tomar un café.
Pregúntale a un compañero de trabajo si quiere que tú también le consigas uno. Es una manera simple de decir que los ves trabajando duro y que está bien que hagas algo para quitarles un poco de carga del día.

3. Si alguien está ausente, dígale que lo extrañó en la oficina y espere que esté bien. Si hay trabajo extra que hay necesita por hacer, no lo conviertas en un problema.

Cuando tu compañero de trabajo regrese después del pequeño gesto que hiciste, es posible que incluso se esfuerce más.

4. Respeta el espacio que compartes con los demás.
No dejes tu desorden en los espacios que usan otras personas.

5. Recuerda siempre devolver todo lo que te prestaron y dar las gracias. No incomodes al prestamista esperando a que lo controle y no le dé la idea de que no le importa su gesto de prestarte su artículo.

6. Todo el mundo comete errores. Muestra a las personas que confía en ellas para hacer las cosas bien. Esto puede ser alentador para las personas y, de hecho, harán todo lo posible para compensar.

7. Celebra las ocasiones y los hitos. Haz que la gente vea que te preocupas por ellos y que te alegras por ellos cuando logran logros. Cumpleaños, promociones, graduaciones, etc. Estos son eventos en los que debes reconocer a las personas.

8. Da las gracias a alguien que te brinde una actualización o un aviso. Da las gracias a cualquier favor o gesto que una persona haga por ti. Hazles saber que aprecias sus esfuerzos.

9. Da retroalimentación positiva. El amor duro debe equilibrarse con una buena retroalimentación. ¿Cómo saben cuándo lo están haciendo bien? Y la gente pone más esfuerzo cuando ven que los demás están contentos con su trabajo.

10. Dar regalos. Un trozo de chocolate es un regalo, una taza de café es un regalo, un cumplido es un regalo, un mensaje es un regalo. Haz algo por los demás para que sientan que los aprecias. No solo en ocasiones especiales.

11. Haz contacto visual cuando alguien esté hablando y cuando estés hablando con alguien.

Muestra que estás enfocando tu atención en ellos y que su presencia y atención son valoradas.

12. Cuando alguien esté hablando, cuelga tu teléfono. Presta atención.

13. Mantén tu palabra. Si no puedes, discúlpate y avísales. No desaparezcas de repente.

14. Muéstrales a las personas que te importan lo suficiente como para presentarse. Preséntate cuando te invitan, preséntate en reuniones, preséntate en ocasiones especiales.

15. Respeta el tiempo de los demás. Haz tu mejor esfuerzo para no llegar tarde.

16. Trata a los demás como quieres que te traten a ti.

17. Cuando alguien se sienta deprimido, un amigo, un compañero de trabajo o un miembro de la familia, esté allí para ayudarlos. Una simple llamada, un simple mensaje, o simplemente hacerles compañía es suficiente.

. . .

18. Cuando estén felices, atesora ese momento con ellos también. No ignores las emociones de aquellos que son importantes para ti. Ahí es cuando logras conocerlos más y aprender a interactuar mejor con ellos.

19. El poder del tacto. Estrecha la mano de las personas, da una palmadita en la espalda, abraza a tus seres queridos. Esto ofrece una conexión emocional, física y espiritual con las personas que aprecias.

20. Dile a la gente que amas que los amas.

Esas cosas pueden parecer pequeñas, pero importan. Conoce el valor de las personas en tu vida y reconócelas.

Construye y mantén relaciones que sean significativas no solo para ti sino también para la otra persona. Practica estas cosas y lentamente notarás la diferencia en la forma en que ves las relaciones y en la forma en que interactúas socialmente con las personas.

13

Pensamiento Futuro Y Dispuesta A Dejar Ir El Pasado

CÓMO TIENES una mejor visión de las relaciones y eres más consciente de tu inteligencia emocional. Hay algo que tienes que aprender acerca de las relaciones también. Algunas cosas simplemente no pueden funcionar.

Cuando esto sucede, las personas tienden a aferrarse al pasado y lamentan las acciones anteriores. Pasan mucho tiempo pensando en las cosas que no funcionaron. Aprender cuándo y cómo soltar es parte de la inteligencia social.

No es fácil dejar atrás el pasado. Esto incluye el trauma, los malos hábitos, la desilusión, las relaciones enfermizas y las personas tóxicas con las que nos hemos encontrado antes.

Pero, ¿escuchaste que se mencionó todo eso? Son todas experiencias negativas.

Según la neurociencia, el cerebro procesa la información

negativa y positiva de manera diferente. Dado que las personas tienden a pensar en las experiencias negativas con más detalle, nuestros cerebros recuerdan mejor estos eventos.

No podemos cambiar la forma en que nuestro cerebro procesa la información, pero puedes entrenarte para alimentar tu mente con pensamientos más saludables.

Una forma de hacerlo es cortando la conexión emocional que tenemos con estas experiencias negativas. Es difícil aceptar cuando cometemos errores y cuando otras personas nos lastiman. Nos sentimos debilitados por estos pensamientos y nos sentimos avergonzados.

Aquí hay más razones para seguir adelante y no quedarnos estancados en el pasado:

NO PUEDES CAMBIAR EL PASADO

No hay nada que puedas hacer en este momento para recuperar las palabras y acciones de las que te arrepientes.

Castigarte con emociones negativas no cambiará tus acciones anteriores. Lo que sí puedes cambiar, sin embargo, son tus circunstancias presentes y futuras.

. . .

Asumir la responsabilidad tomando mejores decisiones. Si te arrepientes de una acción, no vuelvas a cometer el mismo error.

ABRE CAMINO PARA COSAS MEJORES

Cuando llenas tu vida de miedo y arrepentimiento, ya no tienes espacio para nuevas experiencias que te den la oportunidad de tener una vida mejor. Deja de aferrarte a las cosas que llenan tu vida de desesperanza para que te lleguen cosas buenas.

TE MEJORAS A TI MISMO

Para dejar ir el pasado, tienes que dejar de tomar las mismas decisiones. Tienes que dejar los malos hábitos, las personas tóxicas, las viejas frustraciones, y otras cosas que te impiden seguir adelante. Tienes que hacer un esfuerzo para salir de tu zona de confort. Sí, tus experiencias negativas ahora se consideran tu zona de confort. Se convierten en excusas para no decidirse por una nueva vida.

Te impide desafiarte a ti mismo con nuevas metas y construir nuevas relaciones. Date la oportunidad de encontrar la felicidad.

EXPERIMENTA LA LIBERTAD

. . .

Sí, hubo fragmentos de felicidad en tus experiencias anteriores. Sin embargo, estabas herido y también has cometido algunos errores. No borra las partes felices, pero simplemente no puede suceder sin las partes malas. No cargues con la pesada carga de tu pasado por los pequeños pedazos de recuerdos felices. Libérate con el equipaje de tus errores del pasado. Saca el peso uno por uno para que puedas avanzar libremente. Mira lo lejos que has llegado.

Has llegado tan lejos y tu pasado te ha dado lecciones de vida que te hicieron una mejor persona hoy. Acepta quién eres ahora. Nadie es perfecto. Todos hemos cometido errores en el pasado y eso nos hizo individuos más fuertes hoy. Perdónate a ti mismo y mira qué más tienes para ofrecer al mundo. Pon todo tu corazón y energía en tus aspiraciones para hacer tu vida más feliz.

Deja de perderte en tus errores. Nada es permanente en este mundo y eso incluye el dolor y los problemas de tus malas decisiones en el pasado. No dejes que se conviertan en conductas de autodestrucción.

La rumiación puede apoderarse de nuestras vidas cuando nos enfocamos en nuestras experiencias negativas. Pero si el pasado no se puede cambiar, ¿por qué sigues viviéndolo? La preocupación y el miedo pueden apoderarse de ti e influir en tus acciones en el presente. Aunque nuestro pasado nos ha llevado a ser quienes somos hoy, no define nuestras acciones y circunstancias futuras. Toma el control de tu futuro y de tu vida. Entonces, ¿cómo te sacas de este círculo?

1. *SÉ RESPONSABLE DE SU PASADO*

Nuestras experiencias negativas del pasado pueden habernos causado dolor y sufrimiento. Es más fácil señalar con el dedo y encontrar cosas a las que culpar fuera de nosotros mismos. No podemos vivir con la vergüenza que acompaña a nuestras malas decisiones. Pero esa es la razón por la que sigues negándolo. Eres consciente de que tienes errores, pero sigues encontrando excusas para justificar tus malas acciones.

Es difícil engañar a la mente. Si tratas de convencerte de una versión más ideal del pasado para evitar sentirte avergonzado, no aprenderás cómo adaptarte y mejorarte a ti mismo.

Encuentra la paz dentro de ti mismo. Nada dura para siempre y todo puede cambiar. Si las cosas no salieron como esperabas, entonces aprende de ellas. Deja ir tus expectativas fallidas y constrúyete a ti mismo de nuevo.

2. *APRENDE A PERDONARTE A TI MISMO*

. . .

Ser responsable de tus errores no significa que no debas perdonarte a ti mismo. De hecho, es un paso importante a tomar. Cuando te perdonas a ti mismo, te dices a ti mismo que has hecho mal y que deberías hacerlo mejor.

Encuentra una manera de llegar a un lugar mejor. Disfruta de tu nuevo viaje para que tu pasado no se desperdicie.

Avanza y honra tu pasado honrando tu presente. Aprecia lo que tienes ahora.

3. NO CONFÍES EN LAS OPINIONES DE LOS DEMÁS

Cuando pensamos en las otras personas que jugaron un papel en el pasado, nos sentimos avergonzados y eso destruye nuestra autoestima. No te dejes comer por esto.

Su opinión sobre ti no tiene nada que ver con tus acciones futuras. Si te sientes mal por lastimar a las personas, entonces evita hacer las mismas acciones hirientes.

No puedes controlar lo que la gente piensa de ti, así que concéntrate en ti mismo. Si fueron otras personas las que te lastimaron en el pasado, siéntete mejor ahora que estás fuera de esa situación. Deja de dejar que continúen con el dolor que te han causado. Ya no tienen el control de tus emociones.

. . .

Deja de confiar en su opinión sobre ti. Lo importante es que hayas tomado la decisión de mejorar tu vida. Recuérdate a ti mismo que debes permanecer auténtico contigo mismo y que tú eres el único que puedes establecer expectativas para ti mismo.

4. *TUS LUCHAS NO TE DEFINEN*

Tus luchas a veces pueden actuar como un vórtice. Cuando se vuelve abrumador, te absorbe y te atrapa. No debes dejar que tus problemas se conviertan en tu identidad. Jugaron un papel en la forja de la persona que eres hoy, pero no definen tu carácter.

No te perderás si dejas ir tu pasado. Todos hacen lo mejor que pueden con lo que tienen y tú también. Mientras mantengas tu enfoque en tu nueva vida, tus decisiones seguirán mejorando con el tiempo. Y eso es lo que te define a ti y a la vida que quieres vivir. Los errores son errores.

Déjalos así y déjalos en el pasado.

Si sigues pensando, hice esto y aquello en el pasado. Bueno, sí. Y es por eso que estás dando los pasos que estás dando ahora. Dejar ir el pasado no significa que no seas auténtico contigo mismo. De hecho, estás siendo más fiel a ti mismo al admitir que ya no estás contento con esa fase de tu vida.

Ahora puedes avanzar.

5. *RECUPERA EL CONTROL DE TU MENTE*

Nuestros apegos son a menudo la raíz del problema. Dejar ir tu pasado no significa que solo te haya traído cosas malas.

Esa tampoco es una buena manera de verlo. Las cosas no cumplieron plenamente con tus expectativas y eso fue todo.

No puedes decir: "No puedo dejar ir los buenos recuerdos, así que me aferraré a todo". Lee eso de nuevo. Estas cosas están separadas.

Cuando algo termina, tu sufrimiento es causado por tu incapacidad para aceptar que ha terminado. Si crees que aferrarte a una relación tóxica es la forma en que puedes mantener los buenos recuerdos, entonces prepárate para mantener las experiencias negativas también. Deja de aferrarte a tus expectativas.

Cuando no eres capaz de apreciar el presente, sigues volviendo al pasado. Agradece que hayas tenido momentos felices en el pasado. Pero deja de perder tu presente en el pasado.

Las personas socialmente inteligentes toman los aprendizajes de sus fracasos pasados y los aplican a sus acciones en el presente y en el futuro. Vivimos nuestras vidas día a día y tenemos la oportunidad de nuevos comienzos todos los días.

Es mejor actuar para que podamos tomar nuevas decisiones que nos den un futuro más significativo. Debemos mirar hacia adelante y dejar de lado nuestros miedos y vacilaciones porque hay mucho más por explorar.

Encuentra tu verdad y sé justo con las personas que conoces ahora y con las personas que conocerás en el futuro. Muéstrales tu verdadero yo.

14

Aprendiendo Y Creciendo Continuamente Hacia La Independencia

La inteligencia emocional y social son esfuerzos de aprendizaje de por vida. Debes evolucionar y crecer constantemente. Tienes que estar siempre abierto a nuevas ideas y debes estar dispuesto a aprender de los demás. El mundo continúa cambiando y es una señal de que nosotros como pueblo estamos prosperando.

Mientras se aprende de los demás y se tiene una alta inteligencia emocional es esencial para el desarrollo personal, también puede quitarte tu independencia. Como quieres seguir creciendo y quieres aprender tanto como puedas, cuando alguien presenta una idea que parece encajar mejor, te hace pensar dos veces sobre el progreso que estás logrando. Esto, a su vez, puede ser perjudicial para tu viaje hacia el desarrollo personal.

Debes esforzarte por ser independiente si deseas obtener lo mejor de tu viaje de aprendizaje. En última instancia, una persona independiente confía en sí misma y en su propio juicio para tomar las decisiones correctas por sí misma. Esto puede parecer algo obvio, pero la mayoría de las personas ni siquiera se dan cuenta cuando se han vuelto dependientes fuera de sí mismos. Cada vez que dejas que otros influyan en tus decisiones por ti mismo, en realidad has comenzado a compartir el poder que tienes por ti mismo. Si bien esto puede ser algo bueno a veces, confiar en cosas como esta hará que le resulte difícil mantener su independencia.

Hay varias maneras en que una persona podría estar perdiendo su independencia.

No debes permitir que la opinión de los demás sea la base de tu autoestima. Las decisiones que tomes para tu vida deben provenir de tu ser auténtico. Tus aspiraciones, tus necesidades y las relaciones que establezcas deben estar dictadas por tus propios valores y creencias.

Debido a que son tuyos, solo tú puedes comprender completamente las decisiones que tomas. Otras personas tendrán su propia perspectiva de lo que está bien o mal, pero esos estándares no siempre se pueden aplicar a ti.

Cuando dejas que otros den forma a tus creencias y decisiones, poco a poco pierdes de vista quién eres.

. . .

Si siempre cedes ante las personas porque te sientes culpable, es posible que hayas perdido tu independencia con respecto a ellas.

No poder asistir a fiestas porque quieres descansar para el trabajo de mañana está perfectamente bien. No contestar la llamada de un amigo porque quieres algo de tiempo para ti sigue estando bien. Decir no a los viajes costosos porque estás pagando las facturas definitivamente está bien.

No tomes decisiones solo porque no puedes decepcionar a alguien. Ve a la fiesta porque quieres ver gente. Toma la llamada porque quieres tener una charla con tu amigo. Ve a ese viaje caro porque te lo has ganado. Solo toma esas decisiones si realmente te sientes cómodo con ellas.

Si eres amigo de todos, piensa en las razones por las que eres amigo de todas esas personas. Tener amigos es bueno por muchas razones. Uno de los objetivos de perfeccionar la inteligencia social es poder establecer relaciones sólidas con los demás. Sin embargo, también es una señal de tener una gran inteligencia social si sabes que hay personas a las que mantienes cerca, hay personas que solo conoces y hay personas de las que te mantienes alejado.

Echa un vistazo a quiénes son tus amigos y por qué están en tu vida. No te dejes presionar para entretener a todos los que entran en tu vida. Establece límites para ti mismo. Puedes tener muchas personas en tu vida y aun así sentirte solo por dentro.

· · ·

Cuida las relaciones significativas que tienes. Siempre sé amable. Pero aléjate de las personas que te quitan la vida.

No bases tu felicidad en la cantidad de personas que te rodean. Encuentra primero tu propia felicidad para poder compartirla con tus seres queridos.

Guardar rencor es una señal de depender de algo que te ha decepcionado. Parece algo extraño de decir, pero las personas que se aferran al pensamiento de las cosas que los molestaron no pueden dejar de lado las expectativas que tenían de que otros les han fallado.

Imagínate cuánto tiempo y energía mental estás perdiendo debido a tu decepción con algo que no funcionó. En lugar de desperdiciar tu preciosa energía en la rumiación, encuentra otro canal para tu felicidad y realización.

Renunciar a tus metas y sueños porque fuiste rechazado es depender de la aprobación de los demás.

Cuando las personas deciden no trabajar contigo o cuando no creen en tu potencial, lo basan en su propio conjunto de estándares. No tuyo y no para todo el mundo.

No deberías renunciar a tus sueños basándote en eso. Si estás cambiando tus objetivos, debe ser porque realmente quieres hacerlo y tienes mejores objetivos que deseas atender.

. . .

En lugar de darte por vencido, encuentra otra puerta a la que llamar o busca mejorar y luego ve y ten otra oportunidad.

De acuerdo con lo que acabamos de discutir en el número 5, probar que alguien está equivocado no debería ser algo en lo que pienses. Cuando te rechazan o cuando recibes malos comentarios de otra persona, no vas y haces las cosas para demostrar que están equivocados. Hacer esto demuestra que dependes de la idea que los demás tienen de ti.

¿Para qué? Recuerda hacer cosas para la realización de tu vida y tu ser auténtico.

Cuando hablas mucho de los demás, muestras cuánto poder tienen sobre tu vida.

¿Por qué gastar tiempo y energía hablando de personas que te molestan y no juegan ningún papel en las metas de tu vida? No dejes que pensar y hablar sobre personas que no importan te quite el enfoque de las cosas que quieres hacer en la vida.

Culpar a otras personas por tus malas decisiones solo te hará perder el control de tus elecciones en la vida. Cuando tomas decisiones por ti mismo, las tomas porque tienes tu propio sistema de valores que sigues. Señalar con el dedo suena como una excusa si afirmas que los demás sacaron lo mejor de ti. Si estás lidiando con una persona tóxica, reconoce que no encaja en tu vida. No temas el "error" que cometiste con ellos. Toma el control de tu situación y toma las decisiones correctas para ti.

Dar demasiada credibilidad a las personas solo te pondrá en un camino confuso. Mantente al timón y ve en la dirección que tu verdadero yo ha elegido para ti.

Si parece que te has vuelto dependiente de los demás, no hay necesidad de preocuparte. Nos pasa a los mejores.

Tienes que saber que nunca es demasiado tarde para recuperar el control de tu vida. Debes hacer un esfuerzo consciente para poder pensar, sentir y actuar de una manera que sea útil para el viaje de tu vida.

Algunas personas tienen miedo de la idea de que, si no salen a buscar la aprobación de los demás, se están volviendo demasiado egoístas. ¿Dice quién? Pero, de todos modos, puedes pensarlo de esta manera, estás haciendo esto porque quieres ofrecer a las personas lo mejor de ti. Quieres ser lo más feliz y lo más realizado posible, que sea auténtico para ti y que sea auténtico para ellos.

Emprende el camino de la independencia para que puedas ser genuino con todas las personas que recibes en tu vida.

. . .

Aquí hay algunos pensamientos adicionales sobre cómo reclamar autonomía en tu vida.

1. CONÓCETE MEJOR

Siempre empiezas con esto. Esta vez, tu razón para conocerte a ti mismo es porque es posible que aún no sepas de lo que eres capaz. Muchas personas que confían en las ideas de los demás lo hacen porque les falta confianza en sí mismas. Haz cosas que aumenten tu autoestima y tu autoestima para que puedas tener fe en que tus decisiones son las correctas para ti.

Si terminas cometiendo errores, no responsabilizas a los demás y te ajustas porque quieres hacerlo mejor.

La única forma de encontrar tus fortalezas y debilidades es tomando riesgos. Está bien encontrar orientación en los demás, pero asegúrate de que resuenen con su verdad.

Cuando operas tu vida de esta manera, no te arrepientes de nada y encuentras la realización antes.

2. DESAFIAR TUS DUDAS Y CREENCIAS

Nuestras vidas están en continua evolución. A veces las cosas que antes eran válidas para nosotros ya no lo son en un momento determinado de nuestra vida. Siempre detente y verifica si todavía quieres las mismas cosas antes de tomar una decisión. Todos crecemos y todos cambiamos. Procura no elegir las cosas por costumbre.

Si tus prioridades y tus creencias pueden cambiar, confronta tus dudas también. Busca las verdades en la vida que vives y nunca dejes que tus dudas gobiernen tu vida.

3. ASUME LA RESPONSABILIDAD

Si asumes la responsabilidad de tus necesidades, nadie tendrá que hacerse cargo de ti y realmente pasarás tiempo con las personas por lo que son más de lo que necesita de ellos. Cuando las personas están en una relación codependiente, se vuelven buenas para satisfacer las necesidades de los demás. El problema surge cuando se olvidan de ser buenos para satisfacer sus necesidades individuales.

Si bien es genial tener a alguien que pueda ser verdaderamente desinteresado y que esté ahí para ti cuando lo necesites, es un error confiar completamente en ellos.

Toma nota de tus propias necesidades y encuentra formas de satisfacerlas.

4. SÉ ASERTIVO CONTIGO MISMO

Establece límites saludables y comunica bien tus necesidades. La asertividad no es igual a la arrogancia. Puedes ser asertivo y respetuoso al mismo tiempo. Así como respetas a los demás, también debes respetarte a ti mismo.

Tus ideas y tus creencias son importantes y también pueden ser útiles para los demás. Si puedes afirmarte a la vez que eres respetuoso con los demás, puedes ofrecer tu ser completo a quienes importan.

Somos responsables de nuestro propio crecimiento y felicidad. Otras personas pueden ser fundamentales para nuestro autodescubrimiento, pero todavía tenemos el control del camino que tomamos.

Conclusión

A lo largo del libro ha sido una tarea recurrente conocerse mejor a uno mismo. Esto es porque todo comienza contigo.

Para entender a la gente, primero tienes que tener un mejor sentido de ti mismo. Identifica lo bueno, lo malo y lo feo en ti.

Cuando sabes dónde comienza y dónde termina tu identidad, ya no te confundes cuando las personas comienzan a tener opiniones sobre ti. Toma nota de tus responsabilidades sociales y continúa practicando ser real.

Una vez que te abras a otras personas, prepárate para que tus valores y creencias sean desafiados. Todos somos humanos y fuimos criados de muchas maneras diferentes.

Nuestra cultura y el sistema de valores de las sociedades de las que venimos pueden tener una influencia profundamente arraigada en nosotros.

Por eso, cuando confrontamos nuestras diferencias con otras personas, debemos esforzarnos por ser respetuosos y comprensivos con las cosas que decimos y hacemos. La única manera de resolver el conflicto es si nos abrimos a la idea de que todos tenemos necesidades y es nuestra responsabilidad comunicarlas bien para que todos podamos ser entendidos.

Ahora estás equipado con los pasos a seguir para poder practicar una comunicación eficaz. Debes darles un buen uso porque uno de los mayores desafíos del mundo de hoy es llenar los vacíos entre las diferencias en nuestras culturas.

Por mucho que nos gustaría que nos escucharan y nos prestaran atención, nuestros compañeros también tienen la misma cantidad de necesidades que nosotros. Préstales atención y escucha con atención.

En ese caso, debemos practicar la paciencia y la bondad y poner nuestras energías en la resolución y el mantenimiento de las relaciones en lugar de ganar. ¿Cuál es el punto de ganar si pierdes personas valiosas por cosas que ni siquiera importarán en el gran esquema de las cosas? En lo que debemos ganar es en poder resolver nuestros conflictos con los demás. Que somos capaces de satisfacer las necesidades de los demás a través de discusiones efectivas y respetuosas.

La clave para tener relaciones significativas es cuando hacemos un esfuerzo consciente para reconocer el valor de una persona y reconocerlo por ello. No hay forma de que fomentes conexiones valiosas si no aprecias a las personas.

Si eres capaz de aceptar a otras personas por lo que son y no por sus problemas, entonces sé amable contigo mismo.

No te castigues continuando viviendo en el pasado por la vergüenza y el arrepentimiento que te han dado tus errores anteriores.

Permítete crecer y sentir cómo se activa tu inteligencia social. No hay otro lugar al que ir sino hacia adelante.

No estás definido por tu pasado. Tampoco te definen las opiniones de los demás sobre ti. Recupera el control de tu vida al darte cuenta de que lo que importa son las acciones que tomarás para tu presente y para tu futuro. Tienes que salir del círculo vicioso porque vale más la pena enfocarte en tu desarrollo como persona. Crea espacio para el nuevo aprendizaje que recibirás.

Si hay personas a las que mantener, también hay personas de las que alejarse.

Recuerda mantenerte al tanto de las personas que consumirán su energía. Es parte de tu inteligencia emocional y social protegerte de las personas que te faltan al respeto. Sal con gracia de tales relaciones y concéntrate en otras cosas que resuenan más con su yo genuino.

Cuando encuentres personas que valoras en tu vida, comparte con ellas tu felicidad y disfruta las cosas con ellas.

¿Cuál es el punto de las relaciones si no viven una vida feliz con los demás?

Haz que tu objetivo sea ser positivo y luego feliz.

Toda persona quiere hacerlo bien en la vida y encontrar la manera de tener la felicidad que anhela. Continúa practicando la bondad, especialmente con aquellos que todavía están en su lugar oscuro. Si alguna vez estuviste en un lugar oscuro, entonces entenderás lo que la amabilidad puede hacerle a una persona que está luchando. Solo puedes decir que estás contento y realizado con tu propia vida si eres capaz de celebrar los logros de otras personas con sinceridad.

Sé positivo de que puedes hacer muchas cosas por tu cuenta y que eres el dueño de tu vida. La inteligencia social no consiste en adelantarse a la gente. Se trata de comprender a las personas y de cómo puedes vivir una vida más significativa y gratificante a través de las relaciones que fomentas con ellas. Utiliza tus aprendizajes para difundir más positividad y apoyar a otros para que todos podamos prosperar.